포스트 냉전과 팬데믹

오키나와의 코로나 경험과 정동

조경희 趙慶喜, Cho Kyung-hee

성공회대 동아시아연구소 HK교수. 일본학 / 사회학 전공. 일본 도쿄대학 대학원에서 공부하였고 "제국일본 / 식민지조선의 사회사업과 민중통치" 연구로 도쿄외국어대학에서 박사학위를 받았다. 주요 연구분야는 식민지 사회사, 재일조선인, 젠더와 소수자 등이다. 주요 공저에『주권의 야만-밀항, 수용소, 재일조선인』(한울, 2017),『'나'를 증명하기-동아시아에서 국적, 여권, 등록』(한울, 2017)『두 번째 '전후'-1960~1970년대 아시아와 마주친 일본』(한울, 2017),『残余の声を聴く : 沖縄, 韓国, パレスチナ』(明石書店, 2021) 등이 있다.

와카바야시 치요 若林千代, Wakabayashi Chiyo

오키나와 대학 교수(국제관계학). 오키나와 현대사, 동아시아 국제관계사 전공. 미군지배하 오키나와 현대사를 되묻는 작업을 지속하는 한편 20세기 국제관계사에 관심을 기울이고 있다. 저서에『ジープと砂塵 : 米軍占領下沖縄の政治社会と東アジア冷戦 1945-1950(지프와 모래먼지 : 미군점령하 오키나와의 정치사회와 동아시아 냉전 1945-1950)』(有志舎, 2015) 등이 있다. 오키나와 계간지『けーし風(케시카지)』편집위원.

오키나와의 코로나 경험과 정동

초판인쇄 2021년 5월 20일 **초판발행** 2021년 5월 30일
기획 성공회대학교 동아시아연구소 **지은이** 조경희·와카바야시 치요
펴낸이 박성모 **펴낸곳** 소명출판 **출판등록** 제13-522호
주소 06643 서울시 서초구 서초중앙로6길 15, 2층
전화 02-585-7840 **팩스** 02-585-7848
전자우편 somyungbooks@daum.net **홈페이지** www.somyong.co.kr

값 13,000원 ⓒ 성공회대학교 산학협력단, 2021
ISBN 979-11-5905-617-8 93330

잘못된 책은 바꾸어드립니다.
이 책은 저작권법의 보호를 받는 저작물이므로 무단전재와 복제를 금하며,
이 책의 전부 또는 일부를 이용하려면 반드시 사전에 소명출판의 동의를 받아야 합니다.

이 책은 2018년 대한민국 교육부와 한국연구재단의 지원을 받아 수행된 연구임
(NRF-2018S1A6A3A01080743)

성공회대학교
동아시아연구소
학술총서   1

포스트 냉전과
팬데믹

오키나와의 코로나 경험과 정동

성공회대학교 동아시아연구소 기획

조경희 · 와카바야시 치요 지음

Post Cold War and the Pandemic
Affective Experience of the Covid-19 in Okinawa

머리말

21세기 들어 우리는 사스, 신종플루, 메르스 등 일련의 치명적 바이러스 전염병의 발생을 목도해왔다. 그러나 현재의 코로나 바이러스는 그 규모, 영향, 심각성 면에서 가히 전례를 찾기 어렵다. 과거의 전염병들이 특정 지역 혹은 권역을 기반으로 창궐했다면, Covid-19는 진정한 의미에서 지구적 팬데믹이다. 그것이 초래하는 영향의 심도와 범위는 이제야 서서히 이해되기 시작하고 있다. 셀 수 없는 인명 피해와 고통이 지구적 수준에서 하루하루 발생하고 있다. 사람들은 목숨을 잃고, 직업을 잃고, 사람 사이의 접촉을 상실하고 있다. 우리는 익숙한 삶의 방식을 이어가지 못하는 데서 오는 심리적 중압감 속에서 지난 1년여를 지내왔다.

그러나 바이러스는 동시에 이전까지의 상상을 뛰어 넘는 정도로 지배적 세계질서를 뒤흔들고, 새로운 미래의 가능성을 열어젖히고 있다. 아무런 거침 없이 승승장구하던 글로벌 자본주의는 순식간에 제동이 걸렸고, 서양의 도덕적·문화적 헤게모니는 회복이 불가능할 정도로 손상을 입었다. 자연의 정복과 무한한 성장이라는 모더니티의 기본 신념은 심각한 회의의 늪에 빠져들었다. 팬데믹이 보건 위기일 뿐 아니라 문명의 전환을 가져오는 예언이기도 하다는 학자와 비평가들의 진단은 이 점에서 매우 타당하게 들린다.

2020년의 공론장과 학문적 논의를 지배한 것은 온통 코로나 관련 의제였다. 현재의 동향에 대한 다양한 성찰, 현존 체제에 대한 근본적 비판, 대안적 세계에 대한 새로운 상상이 지속적으로 제시되고 토론되었다. 이러한 과정에서 현대 세계의 기본적 구성 원리들에 대한 근본적 재고가 이루어졌다. 자연과 문화의 파괴적 이분법, 지구화와 디지털 경제의 해악, 집합주의와 개인주의에 관한 재평가, 임박한 식량위기와 경제위기가 일깨운 풍요의 부질없음, 권리와 안전의 딜레마, 연대와 공동체 정치의 재등장, 새로운 세계 질서 설계의 긴급성 등 수많은 의제들이 쏟아져 나왔고, 전례없이 진지하게 논의되었다.

서구의 쇠퇴에도 불구하고, 팬데믹 시대의 담론시장을 지배하고 의제를 주도하는 것은 여전히 북미와 서유럽 나라들이다. 다른 대륙이 침묵하고 있는 것은 아니지만, 그들의 목소리와 경험은 좀처럼 들려오지 않는다. 혹여 들려온다 해도 심도 있는 토론으로 이어지는 경우는 드물다. 성공회대학교 동아시아연구소에서는 이러한 상황을 타개할 방편의 하나로 아시아 석학 초청 웨비나 시리즈를 기획하여, 팬데믹에 대한 아시아적 경험, 아시아적 관점, 아시아적 이해를 모색하려 했다. 2003년 설립 이래 성공회대 동아시아연구소는 '아시아의 문화적 구성'이라는 의제 하에 지식의 생산과 교류를 통해 아시아를 관통하는 공동의 정체성, 공동체 및 미래의 수립에 복무해왔다. 이번 학술총서 시리즈는 동아시아연구소의 새로운 이니시어티브로서 코로나 바이러스의 도전에 대한 각국의 경험과 대응에 대한 공유 및 코로나 이후 세계에 대한 전망의 모색을 통해 팬데믹에 관한 상황적 지식을 생산하는 장이 될 것이다.

　동아시아연구소 성원들은 공통 키워드를 '포스트지구화 세계 질서'와 '팬데믹의 정동'으로 설정하여 연구와 토론을 진행해왔다. 포스트지구화 세계 질서와 관련해서는 Covid-19가 현재의 글로벌 체제에 문제를 제기하고 대안적 세계에 대한 비전의 생산을 본격 추동하고 있다는 점에 주목한다. 학자와 비평가들 사이의 합의는 낭비적, 파괴적, 착취적인 신자유주의적 자본주의가 더 이상 지속가능하지 않다는 것에 모아지고 있다. 새로운 세계 질서에 대한 요구의 긴급성에 부응하여 다양한 기획들이 제출되었다. 여기에는 탈지구화, 권역화, 신자유주의를 탈각한 지구화, 심지어 새로운 공산주의까지 다양한 전망들이 포함된다. 아울러 팬데믹 상황 속에서 생태학적 요구가 정치의 전면으로 부상하였고, 보다 급진적이고 참여적인 민주주의의 필요성에 대한 강조도 이어지고 있다. 다양한 시나리오 중 어떤 것이 채택될 지는 향후의 정치적 실천에 따라 결정될 것이다. 다만 현재의 관점에서 바로 지금이 포스트지구화의 미래를 설계할 질박한 시점이라는 점만은 명확한 것으로 보인다.

　다음으로, 이른바 팬데믹 정국에서 정동이 의제의 중심으로 부상했다. 코로나 바이러스가 초래한 불확실성과 고립은 한 편으로 방향감 상실, 피로, 우울, 공포, 분노, 혐오 등으로 가득 찬 사회의 도래를 이끌었다. 그러나 다른 한편으로 비상 상태는 인간의 궁정적 정동을 끌어내는 계기로도 작용했다. 신자유주의의 냉혹한 경쟁체제 속에서 무뎌진 혹은 주변화된 감각들, 즉 공동체와 연대의 감각, 타인에 대한 책임감, 타인의 고통에 대한 공감, 그리고 협력에 대한 감각 등이 코로나 위기를 맞아 새롭게 예민해지고 고도화되었다. 이들 정동을 다루고 관리하는 일이 코로나 정국에서 핵심적 중요성을 갖게 되었다. 나아가서, 강요된 고립과 일상화된 방역 실천 속에서 우리의 몸과 감각이 심대한 변화를 겪고 있다. 공사의 공간적 구분은 붕괴되었고, 마스크와 거리두기는 사회적 상호작용의 문법을 큰 폭으로 변경한다. 해외여행이 장기간 중단되면서 우리의 시야는 지역으로 재정향된다. 이러한 변화를 이해하고 대응하는 것은 향후 새로운 세계를 설계하고 건설함에 있어 중요한 토대로 작용할 것이다.

동아시아연구소 학술총서 시리즈는 이들 두 주제에 초점을 유지하면서도 이에 얽매이지 않는 폭넓고, 자유롭고, 창조적인 대화를 추구한다. 아시아 권역 내 트랜스로컬한 학문적 교류와 연대를 활성화하고, 우리 시대 긴급한 질문들에 답할 수 있는 지식을 생산하는데 그 목적을 둔다. 코로나 이전 시기 활발하게 진행되었던 아시아 학문 공동체에 참여와 교류가 이번 웨비나 및 학술총서 출간을 계기로 재개될 수 있기 바란다.

제1권인 이 책에서는 오키나와라는 포스트 냉전 공간에서 팬데믹이 어떻게 작동하고 사람들 사이에 어떤 정동을 만들어내는가, 그리고 그것이 동아시아의 평화나 민주주의, 포스트지구화의 세계질서에 대해 갖는 함의는 무엇인가에 대해 논의한다. 바이러스는 국경을 모른다고 하지만 동일한 영토 내에서도 일본 본토와 오키나와에서 팬데믹이 전개되는 양상은 동일하지 않다. 미군기지에 의한 또 다른 통제 불가능성은 동아시아 평화를 생각할 때 중요한 주제가 아닐 수 없다. 오키나와 지역사회가 짊어져 온 감염증의 역사, 평화운동의 지속과 단절, 미군 기지를 둘러싼 환경오염 등의 문제가 팬데믹 하에서 어떤 신체와 정동의 변화를 일으키고 있는지도 함께 검토한다. 이 작업을 통해 동아시아에서 공통적인 것the common의 가능성을 모색하려고 한다.

이 책은 다음과 같은 내용으로 구성된다. 제1부 1장 '포스트 냉전과 팬데믹 – 오키나와의 코로나 경험과 정동'은 웨비나에서 진행한 와카바야시 치요若林千代의 기조발제 내용이다. 와카바야시는 이 발표에서 오키나와 지역사회의 팬데믹 경험에서 문학자 오카모토 케이토쿠岡本恵徳가 말한 '수평축'의 발상, 즉 수직적 관계가 아닌 동심원적인 관계와 공생의 원리를 읽어낸다. 이에 대한 가능성과 위태로움을 함께 말하면서 와카바야시는 팬데믹 상황에서 공정하고 상호부조적인 새로운 공동체의 방향성을 모색한다. 2장 '오키나와를 통해 본 아시아 팬데믹'에서 와카바야시와 조경희는 일본의 코로나 대책의 제약과 지역 의료의 역할, 오키나와에서 감염증의 역사와 미군기지 문제 등 폭넓은 대화를 진행했다. 웨비나 대담에서 충분히 다루지 못했던 내용에 대해서는 3장 '질의응답'에서 보충토론을 진행하였으며, 또 후일 온라인에서 추가 대담을 실시하였다. 2장의 내용은 웨비나 녹취록을 바탕으로 하고 있지만, 추가 대담에서 주고받은 중요한 이야기들을 포함해 재구성하였다. 4장 '팬데믹의 딜레마'는 이 모든 과정에 대한 조경희의 후기에 해당된다.

제2부는 제1부의 대화내용을 더 자세히 이해하기 위한 글들을 실었다. 5장 '점령과 감염증−오키나와 현대사 속 두 가지 질병'에서 와카바야시는 한국전쟁과 베트남전쟁 시기 미군점령하 오키나와에서의 감염병 문제를 추적하면서, 오키나와라는 섬 사회의 유동성과 취약성 속에서도 오키나와인들이 공중위생의 주체로서의 자율성을 키웠다는 점에 주목하고 있다. 6장 '"America is Back"?' 에서는 팬데믹 상황에서 이미 위협적 존재가 된 미국이 오키나와 내부에 잠재하는 현실에서 출발해 바이든 시대 미국의 '재림'에 경종을 울리고 있다. 한편 6장 '오키나와의 주변에서 평화를 외치다'는 과거 조경희가 동아시아연구소 구성원들과 동행한 오키나와 평화기행에 관한 기록이다. 마지막 8장 '안전의 경계와 (비)가시화되는 신체−팬데믹과 소수자 인권'에서 조경희는 이주민과 재외동포를 중심으로 'K-방역'의 사각지대에 놓인 소수자들을 조명해 안전의 경계에 대한 물음을 던지고 있다.

이 책은 성공회대학교 동아시아연구소 HK+ 2사업 1단계 연구사업의 결과물이다. 2020년 코로나 사태의 초조함 속에서 시작한 내부세미나를 통해 우리는 세계 석학들의 팬데믹 진단과 국내 담론들을 겹쳐 읽으면서 코로나와 아시아의 정동에 대한 질문들을 만들어갔다. 세미나에서 동료들과 진행한 토론이 책을 준비하는데 많은 도움이 되었음은 물론이다. 특히 세미나와 웨비나 시리즈를 기획, 주도해주신 동아시아연구소 이기웅 교수님께 감사드린다. 자유로운 연구 환경을 조성해주신 백원담 소장님과 늘 곁에서 격려를 아끼지 않은 동아시아연구소 동료 선생님들, 그리고 행사를 위해 애써준 사무국장과 조교들에게도 감사를 전한다.

단순히 일본의 코로나 대책을 소개하는 것에 그치지 않고 오키나와 지역사회를 통해 동아시아의 코로나 경험을 공유하는 방향으로 논의를 확장할 수 있었던 것은 전적으로 와카바야시 치요 교수님 덕분이다. 국민국가 틀에서는 보이지 않는 오키나와의 역사적 경험에 대한 그의 지속적이고 진지한 탐구가 이 책의 특색을 잘 살려줬다. 필자의 끈질긴 요청에 호응해준 와카바야시 교수의 배려에 깊이 감사를 전한다. 이번 대화가 팬데믹에 대한 아시아적 이해를 한 단계 심화시키는 계기로 작용하기를 기대한다. 마지막으로, 부족한 시간과 여건 속에서도 우리의 의향을 존중하고 끝까지 힘써주신 소명출판의 노고에 진심으로 감사드린다.

2021년 5월 17일

조경희

차례

제1부

1

포스트 냉전과 팬데믹
오키나와의 코로나 경험과 정동

와카바야시 치요

(한국어 번역 : 박승호)

○ **이기웅**(사회)

오래 기다리셨습니다. 지금부터 성공회대학교 동아시아연구소 2021년 해외석학 초청 웨비나 시리즈 '포스트지구화 세계질서와 아시아의 팬데믹 정동' 그 첫 번째 순서로 오키나와대학 와카바야시 치요 교수님을 모시고 '포스트냉전과 팬데믹 ─ 오키나와의 코로나 경험과 정동'이라는 제목으로 대담을 갖도록 하겠습니다. 저는 오늘 사회를 맡은 성공회대학교 동아시아연구소의 이기웅입니다.

오늘 순서는 먼저 와카바야시 선생님께서 15분가량 기조 발제를 해주시겠고요. 이어서 성공회대학교 동아시아연구소 조경희 교수님과 1시간 45분 동안 대담을 나누도록 하겠습니다. 이어서

10분 정도 휴식을 취하고요. 나머지 1시간 동안은 전반부에서 성공회대학교 동아시아연구소 강성현 교수님께서 지정토론 혹은 지정 질의를 해주시겠고, 끝으로 입장해주신 관객 여러분의 질의를 받아서 와카바야시 선생님의 답변을 듣는 시간을 갖도록 하겠습니다.

이 웨비나는 동시통역이 제공됩니다. 줌 스크린 하단에 지구 모양 버튼을 클릭하시면 한국어 혹은 일본어를 선택하실 수가 있습니다. 원하시는 언어를 선택해서 들어주시면 되겠습니다. 그럼 와카바야시 치요 선생님을 모시도록 하겠습니다.

○**와카바야시 치요**(오키나와대학)

여러분 안녕하세요? 와카바야시입니다. 성공회대학교 동아시아연구소의 웨비나 회의에 이렇게 저를 초청해주신 데 대해서 진심으로 감사드립니다. 이제부터 약 15분에서 20분 정도로 제가 말씀을 드리도록 하겠습니다.

오늘 제게 주어진 주제는 '포스트냉전과 팬데믹 ─ 오키나와의 코로나 경험과 정동'이라는 주제였습니다. 저 자신은 원래부터 정동이라는 말에 대해서 뭔가 다가가기 어렵다는 느낌이 있었기 때문에 스스로 이 말을 사용하는 경우는 많지 않습니다. 하지만 이 주제를 생각하는 데 있어서 우선 이러한 단어의 의미를 확인해보고자 생각해서 『다이지린大辞林』이라는 흔히 보급되어 있는 일본어

사전을 찾아보았습니다. '정동'은 "감정 속에서 급속히 일어나 그 과정이 일시적으로 급격한 것. 분노·두려움·기쁨·슬픔과 같은 의식상태와 동시에 얼굴색의 변화 호흡이나 맥박의 변화 등의 생리적인 변화가 동반됨", 즉, 급속하고 신체적인 반응까지 동반하는 강한 감정이라는 뜻이었습니다.

그렇다면 팬데믹이라는 경험 안에서 오키나와에서는 사람들 사이에서 어떠한 정동이 작용하고 있었던 것일까 하는 질문을 제가 던져보았는데요. 그렇게 생각을 해보아도 약간 아직도 당혹감이 느껴졌습니다. 왜냐하면 적어도 표면적으로는 최근 1년 동안 정도의 오키나와 사람들은 매일 매일을 비교적 냉정하게 보냈던 때가 더 많았던 것으로 보이기 때문입니다.

예를 들어서 이번 팬데믹에서 저 자신이 무엇보다도 섬뜩하게 느꼈던 것 중의 하나는 특히 일본의 좌파나 진보적 지식인들이 불안이나 공포 때문에 발을 헛디뎌서는 안 되는 아슬아슬한 선을 아주 쉽게 넘어가 버리는 모습을 보였다는 것입니다. 일본의 저명한 평화연구자나 철학자, 노벨상 수상자, 그리고 또 인권의식이 높다고 일반적으로 여겨지고 있는 진보적인 저널리스트라든지 시민운동가까지도 TV나 잡지, 특히 SNS 같은 곳에서 "전체 PCR 검사를 해서 감염자를 가려내라"라든지 "무증상 감염자는 닌자처럼 사회에 숨어있다"라는 식으로 마치 전시의 심리전psychological warfare, 혹은 냉전적 마인드 세트로 우리에게 익숙한 말투를 반복하고 있었습니다. 그리고 또 후생노동성에 협조하고 있다는 이유로 감염증 전문가나 의사들을 매도하고 모욕하는 담론에 핏대를 올림으로써, 마치 일본의 의료체제 민영화를 주장하는 자유주의자라든지 허위선동가들의 앞잡이처럼 행동을 하고 있었습니다. 이것은 일종의 패닉의 광경이었습니다.

이러한 담론은 오키나와에서는 거의 들려오지 않았습니다. 그리고 또 실제로 '자숙 경찰'이라고 해서 사적으로 단속을 일삼는 사람들도 별로 없습니다. 그곳은 현이나 시정촌 등 지자체와 보건소, 의원을 포함한 병원이나 의사회 등의 민간조직, 그리고 시민이라는 이 삼자의 협력관계가 지속적으로 조성되고 있었다는 점이 크다고 볼 수 있겠습니다. 일본 본토의 도시부에서 차별의 타깃이 되었던 이른바 '밤의 거리', 즉 유흥업소 같은 경우 행정이나 의사회가 업소와 위생관리에 대해 대화를 통해서 해결을 하거나, 강제 검사와 같은 강경수단을 쓰지 않고 신뢰관계를 구축해갔다고 생각합니다.

다만 이 '정동'이라는 말에서 뇌리를 스친 것은 2020년 4월 첫 유행으로 긴급사태 선언이 선포된 당시에 맞닥뜨렸던 일상의 모습이었습니다. 어느 날 제가 집 근처의 슈퍼마켓을 갔는데요. 계산대 여성들에게 마구 고함을 치고 있는 고령자 남성을 보았습니다. 언뜻 보기에 '남존여비' 사회를 반영한 듯한 장면이었는데 실제로 벌어지고 있었던 '정동'은 그게 아니었습니다. 이때 당시에 오키나와 전역에서 일회용 부직포 마스크를 전혀 입수할 수가 없었고, 또 손소독용 알코올 역시 고갈되어서 사회 전체가 옴짝달싹하지 못하는 듯한 두려움에 휩싸여 있던 거였습니다.

남성이 고함을 치기 시작한 것은 그 계산대의 작은 계산 실수가 발단이었던 것 같은데요. 분노로 인해서 아드레날린이 한순간에 몸 을 감쌌던 탓인지 이 남성은 고함을 억누를 수 없게 되어, 결국 자신이 무엇 때문에 화가 났던 것인가에 대해서도 알지 못하는 상태가 되고 말았습니다. 남성은 마스크를 쓰고 있지 않았고요. 비말이 튀어도 이상하지 않은 상황이었습니다. 그렇지만 이 장면을 마주친 사람들의 분위기는 질서를 어지럽히는 사람을 향한 분노, 혹은 감염에 대한 두려움이 아니었습니다. 이 남성이 너무나도 처량하게 느껴졌던 것인지 다른 계산대에 있던 여성이나 다른 여러 남성들이 옆으로 다가와서 어깨나 등에 손을 얹고 "괜찮아요. 이제 됐으니까, 알았으니까 진정합시다"라고 말 건네고 있는 것이었습니다.

이러한 행동이나 몸짓은 일부러 하려고 의식된 것은 아니라고 생각합니다. 집단으로서의 처신법이 따로 존재한다면 거기에는 또 그만한 이유가 있을 것이라고 생각을 하는데요. 제가 문화인류학자라면 그 나름의 이유를 찾아내겠지만, 그러한 지혜를 갖고 있지 않습니다. 개인적으로 볼 때 오키나와 사람들이 도서, 섬이라는 제한된 공간에서 생활해온 오랜 세월을 통해서 형성해온 공동성의 문화의 단면이 아닐까 하고 생각을 했습니다.

그렇지만 이러한 밀접한 공동성이라는 것이 반드시 바람직한 것만은 아닙니다. 오키나와 사투리에 '이챠리바쵸오데いちゃりばちょーでー'라는 말이 있습니다. 이게 일본 표준어로 하면 "한번 만나면 모두 다 형제"라는 뜻인데요. 이 말은 오키나와 사람들의 '붙임성 있음'을 나타내는 것으로 쓰여, 오늘날에는 관광의 문맥에서 '환대Hospitality'와 같은 의미로 쓰이기도 합니다. 그렇지만 오모로소시おもろそうし,[1] 그러니까 류큐 고전문학 연구자인 히가 미노루比嘉実 선생님이 말하시기를 '이챠리바쵸오데'라는 말은 좋은 뜻으로도 쓰이지만 어디를 가려고 하면 곧바로 친척이나 친지를 만나게 되는, 지긋지긋하게 좁은 오키나와'라는 뜻이 숨겨져 있다고 말씀하신 적이 있습니다. 그것을 들으면서 참 여러 생각이 들더라고요.

문학자인 오카모토 케이토쿠岡本恵徳는 이것보다 더 심오한 해석을 하십니다. 오키나와의 민중사회와 그 공동체 안의 사상과 행동, 논리에 대해서 내재적으로 재분석을 하셨습니다. 오카모토 선생님은 오키나와가 일본에 복귀되기 직전인 1970년에 그 고찰을 「수평축의 발상-오키나와의 공동체 의식水平軸の発想-沖縄の共同体意識」[2]

---

1   (역주) 오모로소시 : 1531년부터 1623년 사이에 류큐국 슈리 왕부(王府)에 의해 편찬된 류큐국의 총 22권의 가요집이다.

2   첫 출간은 谷川健一編, 『叢書わが沖縄第6巻 沖縄の思想』, 木耳社, 1970에 수록되었고, 나중에 岡本恵徳, 『現代沖縄の文学と思想』, 沖縄タイムス社, 1981에 재수록.

이라는 논고로 정리를 하셨습니다. 이 논고에서 오카모토 선생님은 오키나와의 공동체 구성원의 인식 방법에 대해서 수평축의 발상이라고 파악하고 있습니다. 보다 정확하게는 사람들의 관계성 인식으로서의 수평축이라는 것입니다.

일본 '본토' 사회가 근현대에 들어서까지도 그 오랜 봉건적 신분체제, 그리고 제국주의의 역사 경험을 충분히 극복하지 못한 채로 그 잔재라고 할 수 있는 상하관계 발상에서 오는 인간관계의 감성, 즉 저희는 이것을 차별구조라고 읽어왔는데요. 이런 것들을 유지하고 있었습니다. 이에 대해 오키나와는 근대 이전에는 확실히 왕권사회였음에도 불구하고 기본적으로는 도서島嶼, 섬 공동체의 연속선상에 있는 사회였습니다. 그래서 인간관계를 수직적 관계가 아니라 동심원적 사회, 즉 옆으로 퍼져나가는 '타자의 확장'으로 인식하는 힘이 강하게 존재한다고 이 선생님은 쓰고 계십니다. 앞에서 제가 말씀드린 슈퍼마켓에서의 사건도 개인적으로는 서로 모르는 사이라고 하더라도 심하게 고함을 치는 남성도 자신들과 같은 단지, 같은 지역, 또 같은 오키나와에 살면서 같은 문제에 직면하고 있는 '우리'라는 공동체 안에 있다는 사실을 재확인함으로써 이러한 사태를 진정시켰던 것이라고 생각이 됩니다.

하지만 반대로 이런 문제도 있습니다. 예를 들어서 이번 팬데믹에서 두드러지게 나타나고 있는 현상인데 행정이 빈곤에 빠진 개인적인 세대를 구제하려 해도 '긴급소액자금대출'(일시적으로 어려운 사람에게 대출하고 바로 상환하지 않아도 되는 제도)이나 생활보호를 받기를 주저하는 사람들이 오키나와에는 꽤 많이 있습니다. 이것은 다른 사람에게 내가 누가 되고 싶지 않다는 마음이 강한데다가 또 공동체 안에서 나만이 특별시되거나 주목받는 것을 사람들이 매우 꺼린다는 측면이 있기 때문이죠. 그렇기 때문에 복지 관계자들 사이에서 자주 문제가 되는 것이 이러한 궁핍, 곤궁을 호소하지 않고 참는 사람들이 많다는 것입니다. 이 궁핍한 가운데서의 정동은 안으로 숨어 들어가게 되고 잘 안 보이게 됨으로써 복지로 연결되지 못하는 사람들이 생겨나게 된다는 것입니다.

이야기를 다시 수평축으로 돌려보겠습니다. 오카모토 선생님은 이러한 인간관계의 옆으로의 관계, 수평축적인 발상은 개인뿐만 아니라 '공동체적 의지'로서도 같이 기능한다고 쓰고 있습니다. 즉, 하나의 공동체는 다른 공동체와의 관계에서 스스로의 의지를 결정한다는 것입니다. 오카모토가 이 수평축의 '공동체적 생리'를 물을 수밖에 없었던 원인, 혹은 문제의식은 공동체가 다른 공동체와 접했을 때의 관계성의 방식이 역사적인 사건과 관련성이 있었기 때문입니다.

그가 수평축의 발상을 쓴 시기는 오키나와가 마침 미군 지배하에 있었고 일본으로의 복귀를 목표로 한 운동이 정점으로 향했던 그런 시기였고, 동시에 기지를 유지한 채로 오키나와 반환의 실상이 명확해지던 시기였습니다. 오카모토는 오키나와에 있어서의 조국복귀운동, 또 일본인이 된다고 하는 그 열기, 열광을 국가에 대한 수평축의 발상으로 대상화하고 고찰하기 위해 이 논고를 썼던 것입니다. 또한 이 고찰 안에서 이러한 문제의 근원에 있는 수평축의 공동체적 생리를 더듬어본 역사로서 오키나와 전쟁에서의 집단자결, 오키나와에서는 강제집단사強制集団死라고 말하는 이 문제를 다시 묻게 된 것입니다.

지금 신종 코로나바이러스 감염증의 확대 속에서 이런 오카모토의 문제 제기를 재검토하고 싶다고 생각한 것은 감염증이 앞으로 오키나와의 군사주의 문제에 어떤 영향을 미칠 것인지를 생각할 때 중요하다고 생각했기 때문입니다. 오카모토는 집단자결에 대해 다음과 같이 쓰고 있습니다.

본래 함께 살아가는 방향으로 작동하는 공동체의 생리가 외적인 조건에 의해서 뒤틀렸을 때 그것이 역으로 현실에서 함께 죽음을 선택함으로써 환상적인 '공생共生'을 얻고자 했던 것이 이 사건이었다. 그러므로 문제는 공생으로 향하는 공동체 내부에서 작동하는 힘을 공동체 자체의 자기부정의 방향으로 기능하게 한 여러 조건과 그러한 조건을 거역할 수 없는 숙명으로 인식한 공동체 구성원들의 인식 안에 숨어있었다고 할 수 있을 것이다.

표현이 어려운 것 같은데요. 본래 공동체란 함께 사는 쪽으로 작동하는 것, 즉 그 자체가 공생을 지향한다, 하지만 집단자결은 공동체가 외적인 요인에 의해 왜곡되어서 일어난 사건이다. 그것은 무엇보다 오키나와에서 지상전이 있었기 때문에 일어났다고 할 수 있지만, 오카모토는 더 거슬러서 류큐처분[1879년] 이후 오키나와와 일본국가와의 관계를 내재적으로 묻고 있는 것입니다. 또 다른 부분을 인용해보겠습니다.

오키나와의 근대화 과정에서 오키나와적인 것을 이질적인 것으로 자기부정하고, 본토와 동질화하고자 시도한 것은 이른바 '국가'의 의지를 '오키나와의 진보' '후진성으로부터의 탈각'으로 전환한다는 조작에 의해 '공동체적 의지'로서 환상하는 것이 가능했기 때문이다. '국가'의 의지는 그러한 환상을 오키나와 민중들이 가지도록 만들었고, 민중 측 또한 가혹한 상황으로부터 벗어나고자 하는 열망이 그 지배 의지의 현실화를 한층 더 용이하게 했다고 하겠다.

이러한 문제 제기는 대단히 무거운 문제인데요. 근현대사에 있어서 오키나와가 위기에 직면했을 때 그 대응 방식에 대해서 묻고 있습니다. 국가와 강자를 향해서 수직으로 동화하는 것이 "죽음으로의 도약"이 되고 말았던 과거의 경험은 지금의 오키나와에게 어떠한 의미와 교훈을 주고 있는 것일까요. 예를 들어 외딴섬, 이도에서의 감염증 확대 등 의료체제가 불충분한 지역의 대응은 '도서 방위'를 내걸고 강화되어온 자위대와 어떤 식으로 관계성을 맺어 나갈 것인지 이것은 현재 오키나와에서 중대한 관심사가 되고 있습니다. 포스트 냉전 속에서 류큐 제도에서 미군과의 공동관계를 심화시키고 있는 자위대를 이도현, 오키나와의 의료체제 지원에 어느 정도 개입시킬 것인지, 이도의 자위대에 의한 군사기지 확장 문제와 의료의 수요를 어떻게 구체적으로 구별하고 어느 정도 구체적으로 분리시키고 어떻게 구체적으로 운용할 것인지 이러한 섬세한 대응과도 관련되어 가지 않을까 싶습니다.

이와는 반대로 오키나와를 완전히 록다운 해서 일본이나 외부 세계로부터 오키나와를 분리시킴으로써 오키나와를 감염과 상관이 없는, 관계없는 파라다이스로 만들고자 하는 의견도 보입니다. 그러나 이와 같은 의견은 미군기지라는 섬 공간 내측에 있는 타자의 존재에 의해 미국으로부터 직접 반입되는 감염 확대에 의해 비현실적인 것이 되고 있습니다. 그리고 만약에 미군이 없더라도 팬데믹 세계에서는 아무리 록다운을 견고하게 해도 완전한 세계라는 것은 있을 수가 없습니다. 게다가 의료 자원이 한정된 오키나와에서는 국가와 자치단체의 의료 연계를 완전히 폐쇄한다, 닫는다는 것은 생명을 위기에 빠뜨리는 것과 다름없습니다.

여하튼 어떻게 해서 오키나와의 공동체 내면의 관계성을 공정하고 상호부조적인 것으로 할 수 있는가. 이와 동시에 다른 공동체와 어떤 식으로 공정하고 상호부조적인 관계를 구축해 나갈 수 있을 것인가. 이러한 관계성의 역학 속에서 새로운 공동성에 대한 전망이 지금 물어지고 있다고 할 수 있습니다. 오카모토 선생님은 이런 식으로 쓰고 있습니다.

공동체적 본질이라는 것은 근대가 다다른 지점인 자신만 살아남자는 생각에 대해서 자신들이 함께 살아남지 않으면 안 된다는 의식을 제시하는 것이라고 생각한다. 그렇다면 공동체적 생리에 따라 기능하는 권력의 지배와 이를 그대로 수용하고자 하는 질서 감각을 어떤 식으로 부정하고 더불어 살자는 의지를 어떻게 구체성 있게 살릴 수 있는가 하는 것을 새로운 과제로 삼아야 한다고 생각한다. 그리고 그 속에서 자립이란 무엇인가라는 것을 다시한번 물어야 한다.

이번 신종 코로나바이러스 감염증 팬데믹은 오키나와 사회에 있어서 이러한 근현대 사상사의 과제를 다시 한번 물어가는 정말로 중요한 기회라고 생각합니다. 팬데믹 속에서 우리는 통계 수치나 그래프, 여러 가지 담론 속에서 서서히 국가나 사회, 세대, 인종, 성별 등 집단으로 간주되는 것에 익숙해지고 있는데 저 자신은 여기에 대해서도 위기감을 느끼고 있습니다. 또 동시에 개인이라고 하는 것을 전면에 내세울 경우 서구사회에서 볼 수 있듯이 혼란이 극에 달해 서로의 생명 유지에 한계를 초래할 것입니다. 신종 코로나바이러스 감염증이 가르쳐 준 것은 우리는 불완전한 세계를 살아가고 있지만 이는 새로운 공동성을 추구하지 않으면 안 된다고 하는 그런 흥미로운 시대를 살아가고 있다는 것을 말씀 드릴 수 있을 것 같습니다. 단기간에 우리가 승리할 수는 없겠지만 그래도 진정한 장소, 참된 장소를 추구해 나가야 된다고 생각합니다. 이상 제 기조 강연은 여기까지입니다. 감사합니다.

2

/ 대담 /

오키나와를 통해 본 아시아 팬데믹

와카바야시 치요×조경희

1. 포스트 코로나와 오키나와 지역사회의 재편

오키나와와 서울을 잇다

○**이기웅**(사회)

감사합니다. 오키나와라는 공간이 굉장히 독특한 공간이라는 생각이 들었습니다. 그리고 수평적, 공동체적 그런 사회 조직적 특성 속에서 팬데믹이라는 것이 도대체 어떤 의미를 갖는 것인가 라는 것에 대해서 성찰을 주신 기조발제였다고 생각합니다. 짧은 발제였기 때문에 여기에 대해서 조금 더 심도 깊은 내용은 이어질 대담에서 다뤄질 수 있을 것 같습니다. 대담은 저희 연구소의 조경희 교수님께서 와카바야시 선생님과 두 분이 나누도록 하겠습니다. 그러면 두 분의 대담을 시작하도록 하겠습니다.

○ **조경희**(대담자)

이기웅 선생님 감사합니다. 지금부터는 일본어로 대화를 진행하도록 하겠습니다. 와카바야시 선생님, 안녕하십니까? 기조강연 잘 들었습니다. 대담에 들어가기에 앞서 먼저 와카바야시 선생님에 대해 소개를 해드리고 또 저와 선생님의 관계와 접점에 대해서도 간단히 말씀을 드릴까 합니다.

와카바야시 치요 선생님은 오키나와현대사, 특히 2차대전 후 5년간의 오키나와 사회의 형성을 동아시아 냉전과의 관계 속에서 연구를 해오셨습니다. 역사가로서 오키나와 현대사 연구자로서 굉장히 치밀한 연구를 하심과 동시에 실천적인 차원에서도 인터아시아inter-asia적 교류를 추진해 오셨습니다. 우리 성공회대 동아시아연구소와도 인연이 깊은 선생님이십니다.

아마도 제가 처음 와카바야시 선생님을 알게 된 것은 2000년대 초반이었던 것으로 기억합니다. 저는 대학원생이었고 와카바야시 선생님도 신진연구자셨는데, 당시 도쿄에서는 전후 동아시아 탈식민주의와 탈냉전, 혹은 전쟁책임과 같은 주제로 여러 세미나, 심포지엄이 개최가 되었었죠. 그런 과정에서 만나 뵀던 것으로 기억합니다. 2004년에 오키나와 국제대학에서 헬리콥터가 추락하는 굉장히 충격적인 사고가 일어난 것을 계기로 해서 와카바야시 선생님이나 젊은 연구자들 중심으로 '오키나와 티치인teach-in'이라는 연속강좌를 시작하셨죠. 이런 것을 기획하고 추진하고 계셨던 것이 제 인상에 깊이 남아 있습니다.

2013년에는 성공회대학교의 권혁태 교수님과 대학원생들과 함께 오키나와 평화기행을 간 적이 있었죠. 그때 와카바야시 선생님을 뵀었습니다. 기억하고 계시나요?

○ **와카바야시 치요**(이하, 와카바야시)

네, 지금 생각났습니다(웃음).

○ **조경희**

그때 와카바야시 선생님께서 '한의 비석의 모임恨の碑の会'이라는 오키나와 전쟁에 동원된 조선인들에 관한 진상규명을 위해 활동하는 분들과의 교류회를 개최해주셨습니다. 그 모임자체가 굉장히 인상 깊었는데, 40~50대의 여성들 중심이었던 것으로 기억합니다. 손수 만들어주신 오키나와 요리와 함께 그 분들이 정말 따뜻하게 환대해주셨습니다. 우리는 아무런 준비가 없었는데 말이죠. 저에게는 오키나와 첫 여행이어서 당시 짧게 기행문을 쓰기도 했습니다(제2부 7장에 수록). 2000년대에 들어 한국에서도 오키나와에 대한 관심이 부쩍 높아졌습니다. 선생님께서도 한국에서 발

표나 교류하는 기회가 많아졌을 것입니다. 제가 선생님의 통역을 맡은 적도 있었는데 이렇게 본격적으로 이야기를 나누는 것은 오늘 처음이어서 대단히 기쁘게 생각합니다. 잘 부탁드리겠습니다.

○ **와카바야시**

네, 잘 부탁드리겠습니다. 조 선생님께서 과거의 이야기를 거슬러 올라가서 해주셔서 들으면서 여러 기억들이 떠올랐습니다. 저와 조 선생님의 인연이 여러 곳에서 있었지만 이렇게 대담을 하는 것은 제가 상상하지 못했던 일이었습니다. 그래서 오늘 저도 많이 가슴이 뛰고 기쁩니다.

○ **조경희**

저도 마찬가지입니다. 우선은 2020년 작년 1년 동안을 어떻게 보내셨는지 여쭙고 싶습니다. 대학에서도 일상생활에서도 많은 변화가 있으셨을 텐데요. 한국의 대학에서는 3월 중순쯤부터 온라인 수업을 시작했고, 일본에서는 한두 달 정도 늦게 시작된 것으로 기억합니다. 한국보다 일본에서 온라인 환경이 그다지 정비되지 않았다는 이야기도 들려왔었죠. 선생님께서 작년엔 또 학부장 보직도 맡으셨던 것으로 아는데요. 어떻게 지내셨나요? 굉장히 바쁜 나날을 보내셨을 것 같아요. 첫 이야기로서 선생님의 근황과 오키나와의 현재 상황에 대해 말씀해주시면 좋겠습니다.

○ **와카바야시**

현재 오키나와의 감염상황은 누적수로 7,800명, 어제^{2021.2.8} 집계예요. 어제 40명 정도 새로 신규 확진자가 발생했고, 사망자는 94명입니다. 일본 전체에서 인구 당 감염자 수로 볼 때 굉장히

〈그림 1〉 오키나와대학 와카바야시 치요(若林千代) 교수

많은 지역이라고 할 수 있습니다. 대도시권 도쿄, 오사카, 아이치 이런 곳이 전국 뉴스에서 많이 등장을 하는 곳인데 오키나와도 사실은 굉장히 감염자 수가 많은 그런 지역입니다.

저는 한마디로 말씀드리자면 역시나 굉장히 바쁘게 지냈어요. 작년 구정 즈음에 크루즈선에서의 감염이 밝혀지면서 2~3월부터 일본 전체의 감염자가 명확하게 숫자가 나오기 시작했어요. 초등학교, 중학교가 그때부터 일제히 휴교를 했습니다. 그러면서 오키나와도 서서히 감염자가 증가하기 시작했습니다. 그런데 그것은 사실 뭐라 해야 될까요…… 크루즈선의 문제가 아니라 일본 국내를 이동하고 출장에서 돌아온 사람들이라든지 유학을 했다가 오키나와로 돌아온 사람들이 3월에 다 귀국을 하다 보니까 감염자가 증가가 되었던 것입니다. 대학은 그때 봄방학이었는데 4월부터 어떻게 해야할지 고민이 많았죠. 그래서 위기의식을 가진 교

수들이 모여서 대책준비를 하기 시작했습니다.

그런데 한국도 마찬가지였을 텐데 아무래도 각자 생각들이 다달랐어요. 일본의 경우 문부과학성의 방침이 명확하게 세워지지 않은 상태였고 그래서 우선 직장에서의 합의형성과 구체적인 방책을 생각하는 과정들이 절실히 필요했습니다. 그런데 사람들의 의견이 다 다르다 보니까 "이딴 걸로 수업을 포기한다고?"라고 버티려고 하는 선생님도 계셨고, 한편에서 물론 "간단한 감염병이 아니니 심각하게 받아들이고 대처해야 한다"는 분들, 특히 지병을 안고 있는 사람들도 있어 그 양극단 사이를 왔다갔다했습니다. 이렇게 폭넓게 표출된 의견을 합의로까지 가지고 가는데 연일 회의를 열어야 했습니다.

그런데 책임 있는 사람들, 특히 중년남성들 사이에는 결단을 늦추고자 하는 경향이 강했습니다. 다시 말하면 결정을 내리기 위한 고민을 그만하자는 경향이죠. 그런 경향을 어떻게든 수정하고 온라인 방식으로 정상화하고 학생들에 대응까지 해야 했기기 때문에 무척 바빴습니다. 오키나와 대학의 경우 3월 마지막 주에서 4월 첫째 주 그때 신입생 재학생 오리엔테이션을 했고요. 그 후 온라인으로 전면화했습니다. 교원 온라인 수업 워크숍도 했고 학생에게 기자재를 빌려주기도 했습니다. 대학 내 대책본부를 설치하고 꾸준히 합의 형성을 하도록 노력했습니다.

6월, 7월은 오프라인도 섞어서 진행했고 9월 이후도 대체로 대면수업을 진행할 수 있었지만 여름과 겨울, 감염의 물결이 또 온라인으로 전면화했죠. 일본의 다른 대학사례는 정확히 알지 못하지만 오키나와 같은 경우에는 학생들의 90%가 현 내에 사는 학생들이거든요. 대중교통 수단을 이용해서 통학을 하는 학생들이 많지 않습니다. 그러니까 이렇게 전환하는 것이 도쿄나 대도시의 대학보다는 쉬웠습니다. 자꾸 방책을 바꿔도 학생들이 바로 대응을 할 수 있는 상황이었고요. 그래서 어떤 의미에서는 학교 자체가 크지 않았기 때문에 또 편했던 점도 있습니다.

그런데 이것을 계속할 것인가를 생각해보면 고민이 많습니다. 학생들은 슈퍼나 편의점, 약국, 주유소 같은 곳에서 알바를 하는 아이들이 많은데요. 그러니까 그들은 필수노동자essential worker입니다. 멈출 수 없는 일을 하고 있어요. 사회 전체에서 감염이 확대되면 원래 일하던 부모님들이 거리두기 때문에 일을 그만둬야 할 상황이 되었죠. 오키나와에서는 제3차 산업이 압도적으로 많으니까요. 부모님들 대신에 학생들이 알바로 동원되어서 나가야 했던 거죠. 온라인 수업과 아르바이트 양쪽을 다 해야 하는 과중부담, 사회전체의 부담이 학생들에게 집중되어서 상당히 피폐되어 갔습니다……. 그리고 돈 문제죠. 수업료 문제를 어떻게 대응할 것인가. 이런 사안들에 대해 매일과 같이 회의를 열고, 학부장으로서 결정을 내려야 했기 때문에, 신체적으로 힘들었던 것은 아니지만 결단에 대한 압박을 느낄 수밖에 없는 그런 1년이었습니다.

개인적으로는 한 인간으로서, 철학, 종교, 문학, 정치, 경제 이런 것들을 다시 근본적으로 생각하는, 재검토하는 그런 시간이었습니다. 그러니까 끊임없이 뭔가를 생각하고 있었어요. 멍하니 있을 시간이 없는, 그러나 결론은 나오지 않는 그런 상황이었습니다. 그래서 오늘 제가 결론적으로 무슨 이야기를 할 수 있을지 자신은 없습니다.

일본의 코로나 대책과 '감염증법'

○ 조경희

꼭 결론을 내야하는 것은 아니니 걱정은 안 하셔도 되겠습니다. 선생님의 말씀을 들으면서 저도 작년의 그 난감했던 시기를 떠올리고 있었습니다. 처음 경험하는 사태에 대해 신중하게 결단을 내리는 것은 자연스러운 일이지만, 또 시간과의 싸움이라는 딜레마가 계속 있었죠. 결단을 늦춘다는 것이 좀 일본적이라는 생각도 드는데요. 한국에서도 물론 비슷한 상황이었지만 대학에서도 사회 전체적으로도 결단을 내린다는 결단을 비교적 빠른 시기에 받아들였다는 생각이 듭니다. 나중에 말씀드리는 것처럼 이에 대한 또 다른 문제도 있었지만요.

일본 전체의 특징과 동시에 또 오키나와 지역사회의 독자적인 특징, 통학하는 학생들이 별로 많지 않다는 것도 이동과 공간이라는 점에서 흥미로운 점입니다. 학생들의 피폐, 온라인 수업과 필수노동을 병행해야 하는, 즉 사회의 모순이 아래로 내려가는 상황은 물론 한국에서도 거의 비슷하다고 할 수 있죠.

〈그림 2〉 성공회대 동아시아연구소 조경희 교수

　구체적으로 오키나와의 상황에 들어가기에 앞서 일본의 전반적인 코로나 대책에 대해 여쭙겠습니다. 한국에서 볼 때 일본의 방역체제가 굉장히 불투명하다는 의견이 많았습니다. 아시다시피 한국의 경우 질병관리본부라는 기관이 컨트롤타워 역할을 했습니다. 거기가 중심이 되어서 전국에 치료센터를 배치하고, PCR 검사 기회를 누구나가 쉽게 접근할 수 있도록 했습니다. 저도 회의 때문에 잠깐 들린 빌딩에서 확진자가 나와 검사대상자가 된 적이 있었어요. 집에서 가장 가까운 보건소에서 검사를 받았는데 5분이면 끝나더라고요. 다음날에 바로 문자로 음성판결이 나왔고요. 이 모든 과정이 간편하고 신속했어요.

　그런데 이와 같은 관리와 통제가 가능한 것은 아무래도 한국의 공적 기관에서 개인정보에 대한 접근이 용이하게 이뤄지기 때문입니다. 한국에서는 주민등록번호와 휴대폰 번호, 신용카드, 건강보험과 같은 의료정보까지도 모두 연동된 개인정보의 강력한 인프라가 구축되어 있습니다. 이런 것들이 일상적으로 잘 작동하고 있었으니 막상 이런 일이 벌어졌을 때 효과를 발휘할 수가 있었던 것입니다. 신용카드 사용정보나 CCTV를 통해서 감염자 동선을 빨리 파악하고 접촉자들을 찾아서 격리시키는, 다른 나라에서는 일단 개인정보 문제로 걸리겠고, 가능하다고 해도 굉장히 막막한 작업일 텐데 한국에서는 비교적 순조롭게 가능했던 것입니다.

이에 대해서는 인권과 개인정보의 관점에서 물론 비판도 있었고, 해외에서도 전체주의 감시사회라는 비판도 나왔습니다. 그런데 한국 내에서는 기본적으로는 'K-방역의 성공'이라고 스스로 높이 평가하는 경우가 많았죠. 코로나만이 아니라 2020년은 '문화대국'으로서의 자부심도 더해져 한국이 세계의 중심이라는 감수성이 나오기도 했는데 이건 또 다른 화제이니 넘어가겠습니다. 어쨌든 질병관리본부의 부단한 노력을 보면서 시민들 사이에는 정부에 대한 신뢰가 형성되었다고 생각합니다. 생명을 위협하는 자유보다는 감시당하는 안전이 훨씬 정당하고 현명하다는 담론이 있었고, 개인정보를 제공하는 것은 한국사회에서 이미 익숙한 일상이기도 했습니다. 그래서 이런 체제는 일본을 포함한 다른 선진국에서 쉽게 따라할 수 없는 모델이라고 생각합니다.

정부의 코로나 대책은 하나의 기준으로 쉽게 평가할 수는 없지만 그럼에도 불구하고 일본의 코로나 대응이 너무나 불투명했다는 사실은 변하지 않는 것 같습니다. 정부나 후생성이 책임있게 대책을 세우지 않고 시민들의 자율성에 맡기는 방향성이 강했는데요. 이에 대한 일본사회의 전체적인 분위기와 선생님의 솔직한 진단을 듣고 싶습니다.

○와카바야시

일본사회가 어떻게 자기 인식을 했는지, 어떤 상황이었는지는 당연하지만 사람에 따라서 폭넓게 인식이 갈라집니다. 정말 못했다는 의견도 있고, 잘했다고, "그만하면 됐다"고 하는 사람도 있어서 천차만별입니다. 그래서 제 생각을 말씀드려볼까 하는데요. 어느 나라든 기본적으로는 인권이나 자유를 지켜야 한다는 가치의 기둥이 있습니다. 또 한편에서 감염증 대책은 공공의 이익과 관련된 문제이기 때문에 이 공공의 이익과 개인의 자유-인권의 균형을 어떻게 잡을 것인가가 어느 나라든 굉장히 문제가 되었다고 생각합니다. 그 문제와 대응방법이 각 국가, 지역에 따라서 그 전까지의 역사와 현실을 리얼하게 봤을 때, 여러 성공과 실패가 있고, 향후 무엇을 성공으로 보고 무엇을 실패라고 볼 것인지는 앞으로 검증이되겠지만, 기본적으로 많은 차이가 있습니다. 어느 지역이든 국가든 그런 고민을 다 깊이 있게 하고 있겠죠.

일본정부와 행정관계자, 의료 종사자들 모두 다 기본적으로 감염증 대책에서 지켜야할 원칙이 일본의 '감염증법'에 정해져 있다는 사정이 있었습니다. 제가 무슨 말씀을 드리고 있는지, 잠깐 자료를 보여드리겠습니다. 1998년에 성립된 '감염증 예방 및 감염증 환자에 대한 의료에 관한 법률', 즉 '감염증법'으로 불리는 법률입니다. 이 법은 보기 드문 법률이라는 평가를 받고 있는데 그것은 일본국헌법과 마찬가지로 전문前文이 있기 때문입니다. "인류는 여러 질병, 특히 감염증에 의한 다대한 고난을 경험해왔다"는 내용이 나와 있고, 그래서 새로운 감염증에도 잘 대응해야 한다고 나와 있습니다. 후반부를 잠깐 읽어보겠습니다.

한편 우리 나라에서는 과거 한센병, 후천성면역결핍증후군 등의 감염증 환자 등에 대한 이유 없는 차별과 편견이 존재했다는 사실을 무겁게 받아들여 이것을 교훈 삼아 향후 살려야 할 필요가 있다.

이와 같은 감염증을 둘러싼 상황의 변화, 그리고 감염증 환자들이 놓여있는 상황 등을 감안해서 감염증 환자의 인권을 존중하면서 이에 대한 양질의 적절한 의료제공을 확보하고 감염증에 신속하고 적확하게 대응할 필요성이 있다.[1]

이런 내용이 적혀 있습니다. 그러니까 역사적으로 한센병이나 후천성면역결핍증후군, 즉 HIV죠. 에이즈를 뜻하는 것입니다. 이

1　「感染症の予防及び感染症の患者に対する医療に関する法律」, 平成十年法律第百十四号.
　　https://elaws.e-gov.go.jp/document?lawid=410AC0000000114

환자들에 대한 차별이 엄연히 존재해왔고, 이 감염증 환자들의 인권이 보호되어야 한다고 쓰고 있는 것입니다.

이 세밀한 조문의 내용은 최근에 개정되기도 했는데 기본적으로 일본 감염증의 원칙이 이 전문에 다 나와 있는 것입니다. 이 감염증법이 이번 코로나 대책에도 하나의 원칙이 되어 큰 기둥이 되었습니다. 실제로 이 원칙을 최대한 지키면서, 동시에 감염증 사태에 유연하게 대응을 한다는 것이 일본이 지금 혼란스러워 보이는 큰 이유, 원인이 되고 있다는 점을 우선 첫 번째로 말씀드리고 싶습니다.

일본정부와 행정기관, 그리고 의료 종사자들이 모두 다 이 원칙을 최대한 지키면서, 한편에서 긴급하게 신속하게 대응해야하는 현실적 요청 사이에서 많은 혼란이 있었다고 생각합니다. 단적으로는 보건소를 말씀드릴 수 있는데요. 보건소 직원들은 이 원칙 하에서 항상 생각하고 행동할 수밖에 없습니다. 외부에서 보면 불투명하게 보인다거나 느슨하고 완만해 보인다거나, 또 "IT기술을 활용하지 않고 너무 구식이다"는 비판도 있었습니다. 일본의 시책에 대해 여러 비판들이 분출되었지만 이 법의 내용을 감안해서 시행한다는 기본원칙을 지키면서 현실적으로는 유연하게 대응한다는 것 때문에 잘 보이지 않거나 혼란스러운 부분이 있었다고 저는 이해하고 있습니다.

한국 분들에게 굳이 말할 필요도 없겠지만, 일본은 역시 차별이 되게 강한 나라입니다. 민족에 대해서도 그렇고, 문지門地, 출생에서도 그렇고요. 정말 심각한 차별의 구조가 존재합니다. 아까 수평축과 수직에 관한 이야기도 했었지만, 저는 원래 오키나와가 아닌 일본 본토에 있었던 사람이니까 예로부터 이어진 뿌리 깊은 차별의 구조가 있음을 피부로 느낍니다. 한국 분들 입장에서도 그렇게 보이실 수 있겠죠. 그렇기 때문에 이 법률의 전문 내용에 차별에 반대하는 내용이 포함된 것입니다.

왜 이런 전문이 생겼는지 그 배경을 생각해보면 1996년에 '나병예방법'으로 불린 한센병 격리정책을 정한 법률이 폐지되었기 때문입니다. 그 시기까지 한센병에 대한 차별이 쭉 이어졌던 것입니다. 이 법률이 폐지된 후 2001년에는 국가배상 재판이 있었고, 최근 2019년에는 한센병 가족들에 대한 차별까지 국가책임을 인정했어요. 아베정부는 물론 여러 문제점을 안고 있었지만 이것을 항소하지 않았습니다. 인기를 얻기 위한 것이었다 해도 어쨌든 차별에 대한 국가책임을 인정해야할 시기에 왔다는 것이라 생각합니다.

이 전문은 한센병 환자, 그 가족들, 그리고 HIV 환자들, 혈우병 환자들, 동성애자들도 그렇고 다 그들이 꾸준히 노력해온 결과 이런 법률이 제정된 것입니다. 그래서 이 원칙만큼은 무슨 일이 있어도 꼭 지켜야 한다고 생각하는 의사와 관료, 행정 관계자들이 있었다고 봅니다. 물론 외부 사람들이 보기에는 이해하기 쉽지 않는 부분이 있지만 참 중요한 법이라는 것이죠. 따라서 스피드감이 있는 대책, 정말 감염증은 속도가 **빠른데** 이에 따라가기 위해서 숨이 가쁜 상태로 대응하지 않았을까. 그런 생각을 개인적으로 했습니다. 이처럼 감염증의 역사를 짊어지고 있다는 점이 일본의 특징으로서 첫 번째에 있었다고 말할 수 있습니다.

드러나지 않는 '지역 의료'의 노력

○ **와카바야시**

밖으로 잘 드러나지 않는 두 번째의 특징은 이번에 코로나와 관련해 각 지역의 의료기관이 대단히 노력을 했다는 점입니다. 이것은 국가 차원에서는 잘 보이지 않습니다. 일본은 모두 다 건강보험이 적용되기 때문에 병원도 많고 의원도 많습니다. 만성질환에 대응하고 있는 병원도 많고요. 국민 1인당 병상 수도 통계적으로 많습니다. 그런데 문제는 팬데믹에 응급으로 대응할 수 있는 병원 시스템이 구축되어 있지 않았다는 것입니다. 그러니까 병원이 대단히 잘되어있는데 "도대체 왜?"라는 그 괴리감, 갭을 느끼시는 부분이 많을 것입니다.

이 점을 메우려고 지역 의료가 열심히 노력해왔습니다. 행정과 민간, 그리고 시민. 이 삼자 간의 협력관계를 얼마나 잘 형성해나갈 것인가가 바로 각 지자체에서 상당히 노력했던 부분입니다. 오키나와의 경우는 검사체제가 부족한 상태였는데요. 그 상태로 계속 유지되어 왔는데, 그런데 오키나와현과 의사회가 협조를 해서 호텔을 확보하고, 간호사를 확보하고…… 물론 시민들도 꾸준히 협력을 했고요. 이런 지속적인 협력을 통해서 서로의 신뢰관계가 구축되어 꽤 잘 진행이 되었다고 할 수 있습니다. 이것은 오키나와뿐만 아니라 각 지자체에서 그런 노력들이 있었다고 봅니다. 국가 차원에서만 봤을 때 잘 보이지 않는 것들입니다. 국내 뉴스에서도 피폐하고 있는 보건소의 그림만 나오니까요.

오키나와의 경우는 도서권島嶼圈, 섬이라서 의료자원에 아무래도 한계가 있었습니다. 병원 의사 수도 적었고 또 이도, 외딴섬이기 때문에 인접현의 협조를 구할 수도 없어요. 모든 것을 스스로 해야 합니다. 그래서 제한된 자원문제가 계속 지적되었습니다. 시민들이 다 하나가 되어서 감염을 억제하지 않으면 의료자체가 핍박해버린다는 그 위기감의 공유는 다른 지역에 비해서도 원래부터 강하게 있었다고 봅니다.

그런 일본 의료의 특징이 있었고요. 저 또한 그 삼자 협력관계 중 하나인 시민으로서 협력하고 있었기 때문에 물론 늘 일본정부에 대해서는 지지부진하다고 생각하고 있었죠. 그러나 지금 말씀드린 지역의료의 경위까지를 같이 생각해봐야 할 것 같습니다.

그와 동시에 한국이나 대만처럼 방역체제를 쫙 구축해서 바로 스피디하게 진행한 국가가 주변에 있으니 그 나라들을 보면서 왜 일본은 이렇게 못하냐는 비판이 속출했던 면도 있었습니다. 일본은 사스SARS와 메르스MERS 경험이 없었기 때문에 PCR 검사체제도 나중에 정비되었고요. 또 국경에서 이것을 다 차단했다는 과거의 성공사례가 있었기 때문에 오히려 그 성공사례가 방해를 했던 것 같습니다. 그런데 왜 주변 국가들은 할 수 있는데 일본은 못하냐는 비판, 비난이 계속 나왔고, 또 그 과정에서 원래 있었던 아베정권에 대한 불신이 점점 커져 갔습니다. 특히 진보세력들은 정권에 대한 근본적인 불신이 있었기 때문에 도쿄올림픽을 개최하기 위해서 감염자 수를 일부러 적게 발표하고 있다고 하면서 정말 '올림픽 음모론'이 SNS에서 아주 큰 논쟁이 되었습니다.

그런데 실제로는 그 단계에서 세계보건기구WHO에도 협력하는 국가에서 후생노동성이 감염자수를 은폐할 수도 없었고 그런 담론자체도 상당히 문제가 있습니다. 즉 일본은 아시아에 대한 우월감을 잠재적으로 갖고 있는 것 같습니다. 한국도 할 수 있고 대만도 할 수 있는데 일본이 못할 리가 없다는 그 논리는 아시아를 리스펙트하기때문이 아니라 거꾸로 아시아를 아래로 보는 잠재의식이라는 생각이 들었습니다. 역시 수직관계로 인간관계나 국제관계를 보는 습관이 바로 이럴 때도 드러나는 것 같습니다.

의료 전문가들은 3밀, 즉 밀폐·밀집·밀접을 피하는 것과 손을 깨끗하게 씻는 것. 또 환기와 마스크 착용, 사회적 거리두기와 같은 말하자면 '하이테크'가 아닌 '로우테크', 누구나가 저렴한 비용으로 할 수 있는 구식의 대책을 강조했습니다. 이에 대해 다들 도대체 그게 뭐냐고 비판했어요. 왜 PCR 검사를 안 하냐고. PCR 검사수가 아프리카 국가 수준이라든가, "우리는 과학입국인데, 선진국인데 뭘 하는 거냐"는 비난을 소위 진보파들이 종종 말했습니다. 일종의 일본적 근대주의 같은 것과 아시아 차별이 다 뒤섞인 담론이 3월부터 계속해서 SNS를 비롯한 여러 공론장에서 나타났습니다.

"PCR 검사를 늘려라", "전원검사", "무증상 감염자를 색출해라", "감염자는 닌자처럼 숨어있다", "자경단을 만들어라" 등등 정말 무서운 이야기들이 쏟아져 나왔어요. 일본의 리버럴파들이 이런 말까지 하냐고 솔직히 좀 놀랬습니다. 그런 패닉 상황이 크루즈선 사태에 대한 오해에 기인한다고 생각을 하는데요. 크루즈선에는 서양 사람들이 타고 있었기 때문에 초기에 서양의 언론을 경유해서 크게 뉴스가 된 측면이 있었습니다. 그런데 어디에서도 이 크루즈선을 받아들이지 않는 속에서 후생성 재해파견의료팀이 이를 담당하면서 감염증의 실태나 방어방법이 밝혀졌어요. 여기서의 지견들이 세계각지의 의료전문가들에게 공유되었다는 점은 더 긍정적으로 평가할 수도 있다고 생각합니다. 크루즈선의 후생노동성 전문가 조사가 없었더라면 몰랐던 점들이 사실 굉장히 많았다고 보거든요.

크루즈선, 올림픽, 아베 정권, PCR 이런 말들을 음모론적으로 동원해서 리버럴 좌파들의 담론은 굉장히 혼란을 가져왔어요. 물론 일본의 리버럴 좌파들 많은 부분이 고령자들이기 때문에 감염증에 상당히 불안을 느꼈다는 점도 있겠죠. 그런데, 저는 팬데믹 아래에서 평소에 평화나 인권을 말하는 사람들이 패닉 상태에 빠진다는 것을 보고 오히려 두려움을 느꼈습니다.

안전과 자유의 딜레마 — 개인정보 제공인가, 자기책임인가

○ 조경희

말씀을 듣다 보니까 일단 첫 번째로 국가와 지역사회의 관계가 일본과 한국에서 많이 다르다는 점을 들 수가 있겠네요. 한국의 언론에서도 일본의 코로나 대책의 지지부진함을 논할 때 종종 '올림픽 음모론'이 동원되었어요. 그리고 보건소에서 확진자 데이터를 팩스로 보낸다든지, 확진자 통계가 정확하지 않다는 등 정부기관의 태만으로 인해 의료현장에서 비효율성과 과중부담을 감당하고 있다고 보고 있거든요. 그것은 일면에서는 사실이지만, 그런 관점이 어쩌면 너무 국가 중심적이라는 것이죠. 말씀하신대로 지역 의료의 노력에 대해서는 겉으로는 잘 보이지가 않습니다.

한국은 정부 집중형이고 또 수도권 집중적이기도 하거니와 일본과 지방자치단체의 권한이나 자립성이 다르기도 합니다. 한국이 탑다운으로 의사결정이 일원화되는 것에 비해 일본은 권력이나 권한, 시스템이 분산되어있고 어쩌면 잘 보이지 않게 숨겨져 있다는 생각도 합니다. 정부와 지자체의 연결고리가 가시적이거나 직선적이지 않고 조밀한 그물망으로 짜여져있다고 할까요. 일본정부의 방역대책이 소극적이었음에도 불구하고, 그래도 그 정도로 선방할 수 있었던 것은 지역 현장에서의 의료관계자들의 노력때문이라는 점을 잘 알 수 있었습니다.

또 앞서 1996년의 '나병예방법' 폐지와 1998년의 '감염증법'의 관계에 대해 말씀해 주셨습니다. 굉장히 중요한 점이라 생각합니다. 일본에서 완고한 차별의 구조가 있다고 하셨는데, 감염증법 전문의 차별금지 규정자체가 그것을 반증하는 것이겠죠. 한센병과 HIV, 더 말하자면 피차별 부락민 차별까지 포함해 예로부터 이어진 신분제도가 서열화와 차별구조를 늘 정당화해 왔다고 봅니다. 신토적인 '케가레穢れ', 오염된 신체라는 관념이 근대 이후도 사회적 차별의 기반에 있었다고 할 수 있겠죠. 이와 같은 역사의 무게가 코로나 대책에도 많은 영향을 미치고 있습니다.

한국의 경우는 2015년 메르스 경험이 굉장히 컸다고 봅니다. 2016년에 감염증 예방법이 바뀌었는데 아까 말씀 드린 질병관리본부와 신용카드 회사, 휴대폰 회사 등이 개인정보를 추적할 수 있게 되었던 것도 이때부터입니다. 그 내역까지도 조사할 수 있게 된 것이죠. 실제로 코로나 감염자의 동선을 파악하는데 결정적으로 작용했어요. 지자체의 홈페이지에 물론 개인명은 안나오지만 동선이 공개가 되기도 했습니다. 그 외에도 코로나 3법이라고 감염증 예방법, 검역법, 의료법 등이 있는데 이것도 2020년 3월에 상당히 빨리 개정이 되었습니다. 자가 격리를 위반한 사람들에게는 벌칙 규정이 바로 만들어졌고요.

이에 대해서는 인권침해라는 문제제기도 있었습니다. 감염자의 이동경로를 공개는 사람들의 울분을 확실히 자극하게 되고 허위신고자에 대해 강력한 사회적 제재가 가해지니까요. 초기에 '신천지'라는 신흥종교집단의 감염자가 동선을 숨겼던 것이 밝혀지면서 교단에 대한 강경수사와 교회의 위치 등이 실시간으로 노출되어 공격의 대상이 되었습니다. 그런데 이런 문제점이 있음에도 불구하고 팬데믹 앞에서 사람들은 정보공개와 벌칙규정에 동의하게 됩니다. 저도 물론 거부할 수 없어요. 이 일상적인 딜레마가 포스트코로나 상황을 고민하게 된 가장 큰 배경입니다. 일본과는 출발점부터가 너무 다른 상황인데, 좀 더 다각적인 검토가 필요하겠죠. 후반부에 다시 말씀 나눌 수 있으면 좋겠어요.

어쨌든 일본에서는 이 상황에서 "코로나는 독감과 비슷하다"고 너무 과잉대응하지 말자는 여론까지 있었습니다. 아까 진보파들의 음모론적 논리를 불편하게 느낀다고 하셨고 저도 동의합니다만, 한편 온라인 공간에서 영향력을 가진 비교적 젊은 논객들이 사회적 거리두기나 마스크 강요에 항의하고, 시민의 행동범위를 규제하는 것에 반발하고 선동하는 모습도 많이 보게 되었어요. 안전 확보를 자숙이라는 형태로 자기책임에 위임해버린 측면이 있었죠. 그 사이에 지방여행을 장려하는 '고 투^{Go To} 트래블' 캠페인과 같은 정부의 이해하기 어려운 시책도 있었고요. 오키나와를 포함한 시민사회의 반응에 대해 여쭙고 싶습니다.

○ 와카바야시

아까 감염증법 이야기에서 빠진 부분을 추가적으로 말씀드려보면 얼마 전에 "권고에 응하지 않은 사람들에게 강제벌칙으로 벌금을 과할 수 있다"는 내용이 추가되었습니다. 처음에는 형사처벌, 즉 징역까지 포함한 형사처벌을 하겠다는 이야기가 나와서 논란이 되었습니다. 여러 반대의견들이 표출이 되었어요. 정부가 '고 투' 캠페인까지 해놓고서 형사처벌까지 한다고?라고 당연히 의문이 나올 수밖에 없죠. 결국 시민들의 반발이 컸고, 일본사회에 맞지 않다는 이유로 형사처벌은 취소되었고 그냥 벌금형으로 되었지만 여전히 반대의견들이 아직도 있어요. "권고에 응하지 않았을 때"라는 문구를 남기고 후생노동성에서 단계를 마련해서 처벌을 하는 것으로 마무리 되었어요. 형사처벌이나 치안법과 동일하게 취급하는 것은 피해야 한다는 점이 마지막까지 논의가 되었습니다. 이번엔 그 선을 넘지 않았지만, 이에 대해 어떻게 대응할 것인지가 앞으로 중요한 논점이 되겠죠.

다만 실제로 사람의 이동이 억제되지 않고 있고, 검사거부, 허위신고 등이 팬데믹 상황에서 많이 문제가 된 것은 일본도 마찬가지입니다. 일본후생성에서 개인정보 수집을 안하는 방식으로 감염상황을 수집하는 '코코아'라는 앱을 개발하기도 했는데 보급은 잘 안 됐습니다. 또 사고도 있었고요. 잘 진척이 되지는 않고 있습니다. 기본적으로는 개인정보 수집의 문제가 걸리는 것이죠. 인권문제에 대한 배려가 기본에 깔려 있어서 그렇습니다. 아까 팩스로 감염정보를 보낸다는 말씀을 주셨는데요. 이것은 온라인으로 정보관리하는 것에 대한 불확실성을 생각해서 그렇습니다. 그렇게 하다 보니까 이 팬데믹이라는 상황이 벌어졌을 때 정보 일원화가 안 되는 문제는 전문가들도 지금 다 지적하고 있습니다. 그래서 어떻게 하면 신속하게 발 빠른 바이러스에 대응이 가능한가에 대해서는 아직도 일본에서 논의가 불충분합니다. 그래서 좀처럼 앞으로 나가지 못하고 있는 것이죠.

또 코로나는 독감과 똑같다는 의견은 이제 공개적으로 말하는 사람은 많지 않지만 아직도 가끔씩 귀에 들립니다. 개인의 권리와 자유를 주장하지만, 어떤 의미에서 서양적인 개념과는 조금 다른 것 같아요. 좀 대놓고 말해 코로나에 지쳤다, 젊은 사람들 중심으로 그런 이야기가 나오고 있습니다. 큰 증상도 없으니까 이제 코로나 대책에 지쳤다. 경제를 돌아가게 하는 것이 먼저다, 감염증은 고령자 혹은 병약자들이 걸리는 것이고 자숙행위 자체가 자살행위라는 의견도 처음부터 있었어요. 기업가, 사업가들의 의견이 그렇고, 또 요즘 만화가 고바야시 요시노리小林よしのり와 같은 영향

력 있는 사람들도 그런 식의 이야기를 하니까 이에 동조하는 사람들이 나타나고 있어요.

하지만 대부분의 사람들은 일단은 감염을 억제해야 한다는 의견이 여론조사에서도 압도적으로 많아요. 이렇게 계속해서 감염자가 늘어났다가 줄어들었다 보니 일단 억제해야 한다는 의견이 늘어나고 있는 게 사실이고요. 서구에서는 아무래도 마스크의 문제가 큰 것 같은데 그 점에서는 일본은 서구의 상황과는 다릅니다. 일본에서 경제를 돌리고자 하는 사람들은 일단 먼저 PCR 검사를 하자는 의견이고요. PCR 검사를 전원 해서 하루라도 빨리 노동력을 활용하는 생산을 담당하는 사람으로 돌아가게 하자는 것을 의료자유화논자들이 말합니다. PCR 검사 비즈니스도 나오고 있어요. 그리고 이런 신자유주의 논리와 "감염자를 색출해내라"고 하는 리버럴 좌파들이 점점 가까워지고 있는 겁니다.

'고 투 트래블' 이야기는 좀 복잡합니다. 관광산업으로 먹고 살았던 지방에서는 이에 대한 요망이 큽니다. 그러니까 고투 이야기는 여행은 해도 된다. 그런데 음식을 먹는 것은 조심하라는 형태였거든요. 결국 음식물을 먹을 때 감염이 많이 되니, "여행은 가도 되는데 먹는 것은 조심해라", 게다가 정부는 '고 투 이트'라는 것도 만들었어요. 이것 또한 논란이 많은 상태로 추진을 했어요. 이 부분이 상당히 혼란스러운 상태를 야기하는 것 같습니다. 오키나와 입장에서 보자면 이것이 경제회복과 아무래도 관련이 있다 보

니까 최근에 새로운 PCR검사 센터를 공항에 만들었어요. 호텔이
나 비치 등 관광객들이 가는 장소는 정해져 있으니 주민들과의 동
선을 구분해서 대응하도록 했어요.

오키나와 지역사회와 사회경제적 취약성

○ 와카바야시

한국에서 봤을 때는 '고투 캠페인' 같은 것은 정말 놀라운 일이
겠네요. 한국 분들은 그만큼 트래킹하고 있으면 오히려 이동의 자
유가 있지 않을까요. 그러니까 감염자는 바로 PCR 검사도 받고 바
로 데이터가 나오잖아요. 그러면 어디든 가도 괜찮지 않아요? 국
내라면 여행 가도 괜찮지 않아요?

○ 조경희

회사 출퇴근은 일반적으로 하고 있지만 국내여행을 포함한 이
동을 가급적 삼가자는 것은 기본적인 정부방침입니다. 여행업이
나 숙박업자들은 심각한 타격을 입었지만, 결혼한 커플이 해외여
행에 못가는 대신 제주도 여행을 가는 경우가 늘어났습니다. 제주
도의 고급호텔 허니문 패키지가 많이 팔렸다고 하고요. 또 최근엔
혼자서 여행을 간다거나, 여행을 가게 되면 자연친화적인 관광지
나 방역지침이 확실한 호텔을 선호한다는 경향이 있다고 합니다.

지역사회 경제 진흥과 관련해서는 여러 복잡한 문제가 있다고 말씀하셨는데 특히 오키나와 같은 경우 코로나 이전부터 현민 소득이 최하위권이라는 독자적인 문제가 있었을 테고 이번 코로나로 관광업에 대한 타격도 컸을 것 같아요. 교육이나 의료 모든 측면에서 자원이 부족하거나 열악한 환경에 놓여있다, 한마디로 빈곤 문제가 많이 거론되기도 합니다. 코로나 이후 오키나와의 경제적 상황과 지역사회의 일상적인 변화에 대해 말씀해주실 수 있을까요.

○ 와카바야시

오키나와현은 인구가 현재 145만 명입니다. 전쟁이 끝났을 때 33만 명이었습니다. 또 1947년에 이민자들이 돌아와서 45만 명 정도가 됐으니 그때부터 100만 명이 늘어났어요. 규모가 큰 지역이 되었습니다. 그런데 오키나와현민들 작은 섬에서 아무래도 산업을 계속 유지하는 것은 어려운 부분이 있어서 1950년대는 현민소득의 절반은 미군, 군과 관련된 수입이었습니다. 군 산업이나 메이드 같은 것입니다. 1972년에 일본본토에 복귀했을 때는 군수입이 15% 정도가 되었고, 코로나 전 2010년대부터 10년 정도는 관광 수입이 계속 증가해서 군수입의 3배 정도가 되었어요. 그러니까 2000년대의 경제발전은 지금 돌아가신 오나기縣長 지사도 이야기했지만 군에 의지하지 않는, 의존하지 않는 경제가 구축됐다고 할까요. 경제적으로는 군이 장벽이 되었다는 지적도 있을 만큼 경제발전을 이룩했습니다.

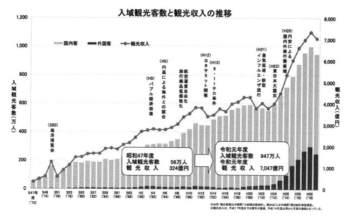

〈그림 3〉 오키나와 현 관광객수와 관광수입 추이

그런데 실제로는 1인당 현민 소득은 250만 엔도 안 됩니다. 코로나 전까지 봐도 국가 평균의 75% 정도의 수준이었습니다. 그래서 오키나와현민 소득은 전국적으로 봤을 때도 하위 수준이었다고 말씀드릴 수 있겠습니다. 2010년대에 들어 여러 의미에서 오키나와 사회는 그래도 점차 풍요로워졌습니다. 예를 들어 10년 전에 완전 실업률은 7% 정도였습니다. 그런데 현재는 그 절반 이하로 떨어졌습니다. 이 경제발전은 아무래도 관광이 지탱을 해왔죠. 2019년의 관광객수는 국내 해외 합쳐 1,000만 명을 돌파했습니다. 하와이를 넘어섰어요. 그러한 피크를 겪은 후 확 떨어진 것입니다. 이 갭이 꿈인지 환상인지 지금은 어떻게 해서 이 V자형, W형이라도 좋지만 어떻게 회복시킬 것인지 이게 오키나와현 경제의 중요한 문제의식이 되고 있습니다.

관광 수입은 상승곡선을 그리고 있어서 급커브를 이루며 상승곡선을 계속 그리다가 확 떨어졌기 때문에 2020년 올해는 둘째 치고 2021년 내년은 어떻게 회복할 것인지. 그래서 지금은 그다지 뭐라고 정확하게 이야기할 수는 없지만 과거에 코로나 직전까지는 관광객 수와 관광객 추이가 이런 상황이었습니다.

지지난 주^{2021.1} 정도에 나온 신문 기사를 보시면요. 관광객이 급감하고 있어요. 고투 캠페인은 국내 관광 캠페인이었는데 그것으로 조금이라도 회복하자는 움직임은 있었습니다. 그런데 여전히 어려운 상황이고, 지금 2월에 어느 정도 감염을 억제시킬 수 있을 것인지 그것이 바로 오키나와현 경제의 큰 과제입니다. 그래서 오키나와현 내에서 독자적인 행동을 자숙하라는 것도 호소하고 있습니다.

관광객이 늘고는 있지만 오키나와 현민 소득이 국가 전체 평균의 75%라고 말씀드렸는데 이게 사실 복잡합니다. 무슨 이야기냐하면 이 표를 보여드리겠습니다. 오키나와의 빈곤 문제는 전 세계적으로 보면 상대적 빈곤의 수준입니다. 절대적 빈곤이라 할 수는 없죠. 정말 빈곤 세대가 많고, 코로나가 막 터져서 제가 관여하는 잡지에서도 지역경제와 관련해 많은 분들께 인터뷰를 하고 특집을 짜기도 했습니다. 아이들의 빈곤이나 복지 전문가한테 인터뷰를 했을 때 이런 이야기를 하더라고요. 오키나와는 정규 고용자, 정규직이라도 그중에 40%가 연봉 300만 엔 이하라고 합니다. 그것은 코로나 이전의 상황입니다. 정규직에서 일해도 연봉 300만 엔 이하라는 것은 상당히 전체 세대 수입이 낮은 편입니다.

또 오키나와는 아이들도 워낙 많아요. 자녀수가 2명에서 4명 정도로 많이 키우는데 30~50대가 300만 엔 정도의 연봉, 그러니까 한국 돈으로 3,000만 원 넘을 정도의 연봉을 받습니다. 이게 전국 평균의 70% 수준의 수입이에요. 그런데 관광지이기 때문에 물가가 비싸요. 도쿄와 비슷해서 생활하는데 아무래도 힘듭니다. 오키나와 현민 입장에서는 참 어려운데 그 와중에 코로나 사태까지 벌어진 것입니다. 비정규직이라든지 한부모 가정이 많기 때문에 특히 그 세대는 궁핍해집니다.

오키나와 현의 세대수 2018년도 데이터까지밖에 없는데 거의 비슷한 상황이고 한 부모 혹은 아버지가 돌아가시거나 할아버지, 할머니가 손자, 손녀를 키우고 있는 세대를 다 합하면 전 세대수 중에서 10% 가까이 됩니다. 이게 2018년인가 2019년의 데이터로 알고 있는데, 정규직 중 연봉 수입이 200만 엔에서 299만 엔이 발생한 사람들이 많이 있습니다. 남성 정규직 연봉이 이 정도입니다. 또 파트타이머 여성들이 많은데요. 그들은 100만 엔에서 150만 엔 이하입니다. 아르바이트도 있고 그래서 코로나는 역시 원래 취약한 근로 세대에 직격탄을 날렸습니다. 오키나와는 3차 산업, 그러니까 서비스업이 현 수입 전체의 80% 이상을 차지하고 있습니다. 그것은 즉 음식업, 호텔업, 운전기사, 운전사 이러한 직업에 종사하고 있는 사람들이 많이 있습니다. 따라서 연쇄적으로 곤궁해지고, 그리고 취약한 세대는 계속해서 궁핍해질 수밖에 없는 상황입니다. 그래서 원래 있었던 취약성에 그 취약이 더해지는 것이죠.

이것을 어떻게 끌어올릴 것인지 행정부도 시민들도 고민하고 있을 것입니다. 지금도 심각한데 앞으로 얼마만큼 심각해질 것인지. 백신 등을 통해 코로나가 진정되고 경제가 회복되었을 때 지역사회의 노동력으로서, 또 가정의 구성원으로서, 세대의 지지자로서 건전하게 어떻게 복귀할 수 있는지. 수당을 주거나 긴급조치를 취하는 시책도 이런 전망과 함께 강구되어야 입니다.

사실 오키나와뿐만 아니라 사회 전체가 그런 상황이 아닐까 싶습니다. 일본 전체적으로도 홀 부모 가정에 특히 큰 타격을 주고 있고요. 또 집을 잃는 사람들도 나오고 있습니다. 그래서 이것은 국가도 그렇지만 중앙정부와 지방정부가 함께 이것을 지원해주고 보완해주지 않으면 장기적으로 봤을 때 사회전체적인 손상이 있을 것 같습니다. 보여드린 데이터는 오키나와의 것이지만 일본 전국적으로도, 또 전 세계적으로도 비슷한 이야기를 할 수 있을 것입니다.

〈그림 4〉 오키나와 나하시의 국제거리(国際通り)에 걸린 "함께 극복하자! 힘
내자 오키나와! 오키나와인!" 메시지

취약계층의 거리두기와 커뮤니티

○ 조경희

오키나와 지역 전체의 경제적 주변성만이 아니라 지역 내 계층,

연령, 젠더의 점에서도 취약한 특징을 갖고 있다는 말씀이었습니다. 홀 부모가 많다는 것은 싱글맘이 많고 이혼율이 높다는 뜻이죠. 이번에 일본의 도도부현 중 오키나와 현의 이혼율이 일본 전국에서 가장 높다는 것을 처음 알았습니다. 저소득, 실업 등 경제 취약성 때문이기도 하고, 또 가족, 친족의 상호부조 문화가 살아 있기 때문이라고 지적되기도 합니다. 작년 9월 오키나와 담당대신으로 임명된 고노 타로河野太郎, 전 외무대신가 최근 『류큐신보』와의 인터뷰에서 10대 여성들의 임신, 출산, 이혼이 오키나와 어린이들의 빈곤문제의 핵심이라고 말한 적이 있었습니다.[2] 젊은 싱글맘이 많은 것도 가족 친척에 의존할 수 있으니까 이혼한다고, 마치 여성들의 문제인 것처럼 발언한 것을 보고 너무나 어이가 없었는데요. 오키나와 어린이들의 빈곤의 책임을 말하는데 어린 여성들을 언급하는 발상이 여전히 일본정부의 자기책임의 논리를 보여주고 있어 놀라웠습니다.

오키나와 여성들의 문제에 대해 더 말하자면 이번에 알게 된 또 다른 사실은 소위 캬바쿠라(한국의 '룸살롱'과 유사한 여성들이 접대하는 술집-역주) 등 '풍속영업법 1호'에 해당되는 술집이 인구당 가장 많은 지역 또한 오키나와라고 합니다.[3] 빈곤과 계층 문제가 젠

---

2 『琉球新報』, 2021.5.15.
   https://ryukyushimpo.jp/news/entry-1321728.html
3 与那覇里子, 「客は途絶えないけど『夜は地獄』キャバクラ全国一多い沖縄、ホステスが明かす苦境」, 『yahoo!Japanニュース』, 2020.8.6.

더 불평등을 더 확대하고 있음을 알 수 있습니다. 코로나 이전부터 소위 '밤거리' 서비스업에 종사하다가 성폭력과 학대를 겪어 도망쳐온 젊은 여성들의 이야기가 알려지면서 충격을 줬었는데요.[4] 코로나 상황에서 젠더 모순이 더 구조화되고 있다고 할 수 있겠죠. 최근 기사들을 보니까 '밤거리'에서 마스크를 벗고 접촉해야 하는 위

〈그림 5〉 스가 정권에서 오키나와 담당 대신으로 임명된 고노 타로(河野太郎)

험에 노출되면서도, 가족들을 위해 일을 완전히 그만둘 수 없어서 갈등하는 젊은 여성들이 많다는 것을 알 수 있어요. 또 그들은 고령자들과 함께 살고 있기 때문에 언제 모두가 감염될지 모른다는 아슬아슬하고 위태로운 상황에 놓여있습니다.

앞서 선생님께서 학생들의 과중부담 이야기를 하셨고, 또 기조발표에서도 오키나와의 공동체성의 장단점에 대해 말씀하셨지만, 빈곤과 저소득, 청년층의 과중부담, 젊은 여성들의 서비스 노동, 대가족의 돌봄 문제 등이 다 연결되면서 거리두기와 안전 확보가

---

https://news.yahoo.co.jp/byline/yonahasatoko/20200806-00192027

4 上間陽子, 『裸足で逃げる: 沖縄の夜の街の少女たち』, 太田出版, 2017. 우에마 요코, 양지연 역, 『맨발로 도망치다 폭력에 내몰린 여성들과 나눈 오랜 대화와 기록』, 마티, 2018.

어려운 상황을 만들고 있는 것 같습니다.

○ **와카바야시**

네. 일단 거주환경이 그렇고 사람들이 서로 접촉하는 거리자체가 가깝습니다. 부모만이 아니라 고령의 조부모들과도 같이 사는 경우가 많으니 지역사회 전체적으로 세대 간 교류가 농밀하다는 것도 특징입니다. 기본적인 사회관계 자체가 세대를 넘어 감염이 확대되기 쉬운 구조, 이탈리아와 비슷하다고 할 수 있습니다. 이 부분은 '밤거리' 여성들에 한정되지 않는 오키나와 전체에서 말할 수 있는 특징입니다.

'밤의 거리'의 문제에 대해 말하자면 작년 봄에 클러스터가 발생한 것은 나하那覇시의 마쓰야마松山라는 환락가였습니다. 캬바쿠라나 성적 서비스를 제공하는 곳에서 감염이 확대되었어요. 그 당시 본토의 도시부의 환락가가 폐쇄되어서 일할 수 없게 된 사람들이 지방도시에 대량으로 흘러갔어요. 오키나와에도 오고 있다는 이야기가 있었어요. 그 때 양성이 된 사람들은 남성 50대, 여성 20대가 압도적으로 많았어요. 카바쿠라에서 일하는 사람들의 인터뷰에 따르면 고객들이 마스크를 하지않을뿐더러 여성들에게도 마스크를 하지않도록 강요해 비말에 노출되는 거리에서 접대를 요구하는 사람들도 있었다고 합니다. 정말 무서운 내용이지만 싱글맘도 많아서 쉴 수가 없다는 것이죠.

일본 전체적으로 보면 실업 불안 때문에 몸이 아파도 검사를 받지 않는 사람들이 많아요. '밤거리'에 대한 사회적 차별이 문제가 되었는데 '밤거리'도 물론 지역별로 특징이 있습니다. 신주쿠의 호스트클럽 근무자들 사이에서 감염이 확산되었던 것은 그 가게에서가 아니라 그들이 숙소나 셰어하우스에서 공동생활을 하고 있다는 거주환경의 조건 때문이었습니다. 여성들 또한 '숙소 완비'라는 구인광고 문구를 보고 캬바쿠라에 근무하는 경우가 많으니, 그런 거주환경에서 감염이 확대되는 것으로 보입니다. 그런데 집단감염이 발생해도 남성 호스트들은 비교적 당당한데, 여성 성노동자들은 차별의 대상이 되기 쉽고 빈곤의 수준이 다르다는 것입니다.

오키나와에서 감염되어 입원한 여성들의 대부분은 20대로 어떤 의사에 따르면 본토에서 들어온 사람들 중에는 퇴원 후 안심해서 회복하는 공간이 없는 사람들도 있었다고 합니다. 거꾸로 오키나와에서 본토로 들어간 사람들도 있었어요. 여성인권운동을 하는 사람들에 따르면 오키나와에서 일할 수 없게 되면서 다른 지방 도시로 옮기는 사람들도 꽤 있다고 합니다. 그 규모를 알 수는 없지만 일본 전체적으로 환락가에서 일하는 여성들이 유동성이 높아지고 있다고 할 수 있을 겁니다.

도쿄에서도 지방도시에서도 이 밤의 거리에 대해서는 보건소와 후생성이 신뢰관계를 구축하면서 노력을 했다고 봅니다. 처음에 감염증법을 언급했지만 이건 과거에 HIV의 경험이 있었기 때문에 가능했어요. 감염 확대를 억제하기 위해서는 감염 가능성이 짙은 사람들에게 자발적인 검사를 받도록 하는 것이 중요합니다. 차별하고 배제함으로써 오히려 적절한 예방에서 그들을 멀리 하게 되니, 가장 심각한 '독'이 되는 것이죠.

이주노동자들 또한 숙소나 셰어하우스에 사는 사람들이 많아서 감염되기 쉬운 면이 있죠. 그런데 병원에 가면 돈이 들고 직장에 들키면 실업 위기에 처해진다는 걱정 때문에 병원에 안가는 사람들이 많은 모양입니다. 그래서 오키나와에서는 감염병 대책 전문 의사들이 외국인을 고용하는 사업소에 호소를 하고 공민관과 사회복지협의회를 통해 혹은 베트남이나 필리핀 사람들은 카톨릭 교회를 통해 무료진단을 받을 수 있다는 것을 전달하고 있어요.

○ **조경희**

네, 세대 간을 비롯한 사람 간의 물리적 거리가 가깝다는 점도 원래 긍정적인 특징일텐데 팬데믹 상황에서는 치명적인 약점으로 전환될 수 있다는 거네요. 일반적으로 사회적 취약계층일수록 거주환경의 문제가 발생하죠. 공간이 부재하다는 것, 안전거리가 확보되지 않는다는 것으로 인해 그들은 더욱 불안하고 위험한 존재로 표상되는 것이라 생각합니다. 한국에서는 경기도라는 수도권 지역이 이주노동자들이 가장 많이 사는 지역인데요. 미등록 이주민들도 많아서 늘 방역 사각지대라고 우려의 대상이 되었는데 올해 3월 경기도가 도내 모든 외국인들에게 검사를 받도록 행정명령을 내렸어요. 그 후 전국의 지자체에서 연달아 같은 방침을 발표해서 비판 여론이 나오기도 했고, 국가인권위원회에서도 이주민 차별이라고 비난했습니다.

행정기관이 외국인들에게 검사명령을 내린다는 것은 아마도 일본에서는 상상도 못하는 일이라 생각합니다. 이주노동자들이 놓인 열악한 환경을 먼저 개선하는 것이 우선인데 이주민들에게 검사를 의무화한 방식은 행정적으로는 가장 '경제적인' 방식일지 모르지만 명백한 인종차별이고 책임전가라 생각합니다. 그런데 이주민들과 함께 일하는 한국인 활동가들 중에는 조금 안심했다는 목소리도 있었어요. 선생님도 말씀하신 것처럼 특히 미등록자들은 실업이나 추방을 피하기 위해 아파도 검사를 잘 받지 않기 때문입니다. 참 쉽지 않는 모순이 있습니다. 소수자들에 대한 사회적 배제는 당연히 피해야 하지만 보호하겠다는 명목으로 집단화해서 그들을 특별히 타깃으로 삼는 것은 분명히 인종주의의 소지가 있습니다. 오키나와에서 이주민들의 상황에 대해 조금 더 자세하게 알려주실 수 있으십니까?

○ 와카바야시

오키나와에 『케시카지けーし風』라는 잡지가 있는데요. 태풍이 다

시 돌아온다는 뜻인데, 1993년에 발간된 이 잡지를 제가 계속 도와드리고 있는데요. 코로나 특집호 집필자 중에 사회복지협의회에서 일하는 사람이 있었습니다. 나하那覇의 사회복지협의회인데요. 사회복지협의회가 한국에도 있나요? 일본에는 지자체 단위의 사회복지협의회가 이주민들의 복지문제에 대응하는 창구 역할을 하고 있습니다. 2020년 4월, 5월이 그분에게 굉장히 어려웠던 시기였습니다.

복지를 받았던 사람들은 알고 보니 먹을 게 없어서 당장 굶게 된 사람들이 많았다고 합니다. 작년 4월, 5월에 특별급부금이 일인당 10만 엔 정도가 국가에서 나왔거든요. 일본 국적자 아닌 사람들에게도 주민표가 있으면 지급이 되었습니다. 오키나와에는 젊은 연수생이나 이주노동자들이죠. 외국적자들에게 지원한다는 것은 일본정부가 친절하기 때문이 아니라 그동안 특히 재일조선인들이 노력해왔기 때문입니다. 감염증법도 그렇지만 이런 것은 일본을 바꾸는데 물방울이 바위에 구멍을 내듯이 오랫동안 그들이 노력해온 결과입니다.

어쨌든 일본의 생활지원이나 복지, 보조금이 있다는 것을 숙지하고 받으려면 스스로 신청을 해야 하거든요. 가만히 있어도 주는 것은 아닙니다. 시청에 직접 가서 절차를 밟아야 하는데 그게 상당히 어렵다는 것이죠. 사회복지협의회에 네팔, 베트남 이런 데 국적이신 분들이 많이 왔다고 하더라고요. 처음엔 놀랐다고 하는

新沖縄フォーラム

状況に「返し風」を

けーし風 〈季刊〉2020.7

特集　パンデミックから見えてきたもの

107号

〈그림 6〉 와카바야시가 편집위원으로 참여하는 오키나와의 계간지 『케시카지(けーし風)』

데, 연수생들을 받아들이는 일본어학원 이런 데서 사회복지협의
회에 가면 절차를 밟아준다고 알려줬다고 해요. 그들 커뮤니티에
전달이 되어서 사람들이 막 몰려왔다고 하더라고요. 먹을 게 없다,
일할 데가 없다. 일본의 법률은 그런 연수생으로 들어온 사람들은
특정 정해진 업종에서밖에 일하지 못합니다. 비자가 업종 이동을
못 하게 돼 있거든요. 그런 분들은 굉장히 어려웠다고 합니다.

오키나와에서 이주노동자들이 늘어난 것은 최근 10년 사이였
습니다. 아까 본 바 같이 관광이 늘어났고, 그에 따라 경제가 올라
갈 때 이주노동자들이 서서히 늘어왔죠. 대략 1만 명 정도, 전체
다해서 1만 명 조금 안 되거든요. 특히 네팔에서 온 사람들이 많고
또 베트남 출신, 그다음에 중국대륙에서 온 사람들이 많습니다.
대만에서도 많이 왔고요. 크루즈선 문제가 발생했을 적에는 중국
인에 대한 차별이나 혐오가 있었습니다. 증오가 폭발해서 폭력을
가한다거나 이런 것까지는 아니었지만 중국 사람들이 코로나를
퍼뜨렸다는 감각을 가지고 사람들이 욕도 하고 그랬습니다. 조금
씩 바뀌어서 지금은 그렇게 나오지는 않지만 네팔 사람들의 궁핍
문제는 점점 확대해가고 있어요.

이것은 점차적으로 오키나와가 풍요로워진 결과이기도 합니다.
이주노동자들이 오키나와 사람들의 인간관계나 공동체 의식에 어
떠한 영향을 주었는가는 아직은 알 수 없지만 아까 말씀드린 사회
복지협회 만이 아니라 지역 공민관이 '재 오키나와 네팔협회'와

함께 상담창구를 만들어서 일본어 번역이나 기타 생활지원을 하고 있어요. 코로나로 인해 오키나와 사회는 정말 이렇게 많은 다양한 사람들이 있었다는 것을 새삼스레 느끼는 계기가 되었고, 그래서 또 지역에서 새로운 관계도 만들어질 수 있다는 것을 느끼게 되는 사례였습니다.

○ 조경희

네 감사합니다. 오키나와 주민들과 이주민들이 코로나 상황을 함께 버티는 생활자로서 새로운 관계형성을 시작하고 있다는 점이 흥미롭습니다. 재난지원금을 둘러싸고도 여러 문제들이 있지만 시간 관계상 토론에서 언급했으면 합니다. 취약계층을 방치하지 않는 커뮤니티나 사회복지의 역할이 앞으로 더 중요해질 것입니다. 거리두기와 커뮤니티가 서로 대립적으로 보일 수도 있지만, 코로나 상황에서는 거리두기 없는 커뮤니티도 문제가 되고, 또 커뮤니티 없는 거리두기는 문제를 방치할 뿐이라 생각합니다. 접촉 없는 접속, 거리두기와 연대의 양립이 더욱 필요할 때라고 생각합니다.

사실 팬데믹 위기는 '모두가 같은 배에 타고 있다'는 특징을 지녔다고 하지만 실제로는 리스크는 아래로 점점 집중하고 있어요. 일자리가 없어지는 사람도, 반대로 폭주하는 업무로 쓰러지는 사람도 비정규직 노동자들이고요. 또 재택근무가 일반화되면서 돌봄 노동 부담이 여성에게 집중되는 한편에서 안전한 집 자체가 없거나 거리두기가 불가능해 위협에 노출되는 사람들이 있습니다. 어쨌든 다양한 종류의 고통이 사회적 취약계층에 강하게 부가되고 있는데 이에 대해 앞으로 더 자주 말해야 한다고 생각합니다.

2. 포스트 냉전과 오키나와의 정동

감염증의 역사와 오키나와 의료체제의 문제

○ 조경희

지금까지 포스트코로나 시대 오키나와 사회를 이해하기 위한 굉장히 중요한 말씀을 해주셨습니다. 사실 이번 대담의 큰 주제는 '포스트 냉전과 팬데믹'이었습니다. 팬데믹 하에서 미군기지의 존재가 심각한 위협으로서 새삼스럽게 조명되고 있어요. 일단 첫 번째로 오키나와는 감염증에 대한 긴 역사가 있고, 또 오랫동안 미군 점령을 겪는 과정에서 미군기지의 존재가 감염병의 원인이 되기도 했습니다. 이에 대한 연구를 해 오셨고 보내주신 논고에도 내용의 일부를 쓰셨어요(제2부 5장에 수록). 어쨌든 미군기지를 중심으로 한 사회발전의 제한된 조건 속에서 의료나 보건이라는 면도 본토와는 다른 면이 있었을텐데요. 코로나 상황에서 오키나와의 의료체제와 감염증의 경험이 어떤 영향을 미치고 있을까요? 미군기지와 의료, 감염병의 관계에 대해 역사적 경위도 포함해서 기본적인 사실을 말씀해주시면 감사합니다.

○ **와카바야시**

네, 되도록 간략하게 해보겠습니다. 오키나와는 말씀드린 것처럼 섬이다 보니까 감영병에 대한 감염성이 기본적으로 높아요. 한 번 감염되면 확산하기 쉬운 상태가 됩니다. 또 원래 섬이라는 지리적 조건뿐만 아니라 오키나와는 아열대기후입니다. 그러다 보니 감염병의 섬이라고 하면 그렇지만, 날씨 자체가 감염증이 발생하기 쉬운 곳입니다. 오키나와 의료사 책을 펼쳐보면 온통 감염병 이야기에요. 일본뇌염이나 말라리아처럼 모기를 통해 전달되는 급성인 것도 있고, 무슨 혈전증이라든지 또 류큐시대에는 교역을 통해 들어오는 것들도 있었어요. 일본보다 빠른 시기에 천연두에 대응했다는 기록도 있는데 어쨌든 감염병은 오키나와와 관련이 깊습니다.

하지만 근대적인 의료체계는 굉장히 취약한 상황이었습니다. 일본 복귀 후 조금 개선되기는 했지만 질병에 따라서는 오키나와 병원에서는 치료를 못하거나 수술하지 못하는 병이 있습니다. 특히 어린이들, 아이들 의료센터가 아주 최근에 만들어졌거든요. 특히 소아 난병 같은 것은 향후 더 정비가 필요할 부분입니다. 의료는 오키나와에서는 매우 중요하게 생각을 해야 되는 것 중에 하나입니다.

　왜 그러면 일본 안에서 오키나와의 의료 리소스가 이렇게 제한적인가. 그 이유는 섬이라는 이외에 가장 큰 것은 전쟁과 점령입니다. 전쟁에서 괴멸한 데 이어 미군이 지배하면서 의료제도와 설비가 굉장히 불충분했었다는 것입니다. 지금도 고령자 중에서 연금을 못 받는 사람들이 있는데 미국 점령기였던 27년 동안 제도적 측면에서 본토와의 격차가 꽤 있었습니다. 당시 미국이라는 나라가 근대적이고 의료면에서 잘 되어있을 것처럼 생각했지만 그렇지 않았어요. 예컨대 미군은 한센병 시설을 위문하거나 개방된 병동으로 만들거나 부분적으로 잘 했던 점도 있었지만, 현실적으로 점령기의 의료와 공중위생은 군사중심주의적인 측면이 있었습니다.

　예를 들어 보건소, 일본에서 말하는 보건소는 지자체에서 존재하는 제도에요. 2차대전 이전에도 의료제도가 존재했었지만, 오키나와에서는 전후 처음으로 고자コザ라는 곳에 보건소가 생깁니다. 고자시는 가데나嘉手納 공군기지 바로 옆에 있는 곳이거든요. 성감염증 대책 중 성병 검사를, 즉 기지 주변 환락가에서 일하는 여성들 대상으로 성감염증 대책을 실시하는 곳이었던 것입니다. 물론 보건소는 그 대책만을 하는 곳은 아니지만 미군으로서는 그 목적이 컸습니다.

　또 가장 심각했던 것은 의사 부족이었어요. 오키나와 전쟁에서 의료체제가 한번 붕괴해버렸어요. 살아남았던 의사들이 40~50

명밖에 안 됐는데 그런 사람들도 없어졌고 병원 시설도 다 망가졌어요. 그러니까 오랫동안 오키나와에서는 의사 부족 상태가 지속되었어요. 의사를 보조해주는 의개보医介輔라는 직업이 있었습니다. 낙도에서는 최근까지 고령의 의개보가 살아 있었어요. 의사처럼 똑같이 처방전도 쓰고 의사처럼 일을 하는 사람들이 오키나와의 지역의료를 지탱해왔어요. 또 위생 간호사, 보건 간호사죠. 지금 일본에서 존재하는 역할로는 보건부인데 그들의 역할이 컸습니다. 미군은 의과대학을 설립해서 의사를 양성한다거나 주민들을 위해 병원을 만들지 않았어요. 제도를 다르게 운영해서 보조적인 대처만 했던 것입니다.

그러니까 오키나와에서 의대에 가려면 본토나 미국에 갈 수밖에 없었어요. 의사 부족 문제는 오랫동안 미군지배가 끝난 후에도 오키나와 사회에 만성적으로 있었습니다. 의개보나 보건부들은 오키나와 사람들이었는데, 그렇다면 그들이 미군이 시키는 일만 했느냐? 그렇지는 않았어요. 미군은 보건소에 성병을 조사하라고만 명령하지만, 주민들은 주민대로 의료가 필요합니다. 그래서 점령당국과 주민들이 서로 각축을 벌인다고 할까요. 그야말로 모순이 얽혀있는 현장이 되면서, 미군과 주민들 사이에서 의사와 보건부들은 굉장히 고생했습니다. 자료에 그 사례들이 많이 나와 있습니다.

미국은 의료에 돈을 별로 들이지 않았어요. 미리 보내드린 제

논문에서도 썼는데요(책 5장에 수록). 통치자들에게 미군은 늘 우선권이 있기 때문에, 예를 들어 6·25 전쟁이 일어났을 때 말라리아 약을 먼저 미군이 가져가버린다거나, 오키나와 주민들이 필요한 의료보다도 먼저 성병을 관리하기 위한 제도를 먼저 만든다거나... 주민들이 방치되니, 도대체 주민들을 위한 의료란 무엇인가 라는 물음을 던질 수밖에 없게 되는 것이죠. 의료 자원이라는 면에서는 복귀 후 병원도 많이 생겼고 개선되었지만 충분히 극복할 정도가 되었는지, 예전보다 훨씬 더 좋아졌는지는 질환에 따라 상당히 다른 것 같습니다.

그 반면 감염증과 관련해서는 사실 일본 내에서도 오키나와는 선진적인 연구, 특히 임상적인 의료연구를 했던 지역입니다. 지금 TV나 라디오, 인터넷에서 감염증 예방대책 문제의 선두에 서는 의사들 중 오키나와에서 연수를 해온 사람들이 많아요. 아까 말씀 드린 각축의 현장에서 임상 연구를 계속해왔던 선생님들의 노고가 구축되어왔기 때문입니다.

의료제도 인프라가 없다는 건 정신의료 분야도 그렇습니다. 한센병과는 또 다른 이야기지만 미군점령기 정신의료 측면에서도 역시 병상이 부족했습니다. 1972년에 일본으로 복귀하기까지 사택감치제도私宅監置制度, 그러니까 옛날에는 '자시키로 座敷牢'라고 부르기도 했는데, 자기 집에 우리를 만들어 감염자를 거기에 격리하고 그것을 경찰이 관리하는 제도가 있었습니다. 그것이 복귀 직전까지 인정되었다는 것이죠. 최근 일본에서도 역사를 되짚어보면서 여러 증언이 나오고 있는데요. 미국 통치하 의료사는 저도 파헤쳐서 다 연구하고 있는 것이 아니기 때문에 더 많은 연구가 필요할 것 같습니다.

기지의 경계와 잠재적 불안

○ 와카바야시

성감염증 문제는 특히 미군과 주민 사이의 경계선에서 꽤 큰 문제였습니다. 지금도 예를 들어 기지 내 감염증 경고 메시지 내용은 "오키나와현 감염상황이 이렇기 때문에 기지 밖에서 ~를 해서는 안 된다"고 지시합니다. 즉 자신들을 감염원으로 보는 것이 아니라 오키나와 사회에 감염이 만연되어 있기 때문에 외부로 나가면 안 좋다는 경고가 더 강한 것이죠. 이번에 미일 지위협정에 따라 미군들이 검역을 거치지 않고 바로 오키나와에 들어오게 되었고 7월에 기지 내에서 큰 감염이 있었습니다. 감염자 수가 폭발적으로 늘어났는데 그건 미국에서 직접 날아온 사람들 때문이에요. 그만큼 미군기지 내에서 감염이 일어나고 있는데 여전히 자신들이 원인이라 생각하지 않고 오키나와 내 감염이 만연되어 있다고 지역 탓에 돌리고 있어요. 이게 도대체 무슨 일인지 어이가 없다고 생각합니다.

성병과 관련된 미군의 역사를 보면 명백합니다. 미군들 사이에서 성병이 만연되는 것은 오키나와 안에 성병이 있기 때문에 병사들이 사는 여성들이 문제다, "여자들을 관리해라"라고 명령을 내립니다. 실제로 감염이 어디서 어떻게 일어나는지 그 경로를 정확히 알 수는 없지만 무조건 여자들이 감염원이라고 해서 철저하게 관리하라, 형사처벌까지 해도 좋다는 식으로 지시했어요. 1950년 말에는 정말 형사처벌이 있었습니다. 마찬가지 발상으로 감염의 원천은 본인들이 아니라 펜스 너머에 있는 당신들이라는 그런 생각, 그런 감성, 그런 감각이 계속 있다는 것을 느낍니다.

지금도 기지 노동자들은요. 기지 내 근로자들은 기지 내 감염에 대해서 정보를 못 듣습니다. 어느 건물에서 감염자가 발생했다는 것을 모르는 채로 거기에서 일하고 있어요. 오키나와현은 지금 이런 상황을 보면서 미군 사이에서 미군과 정보 교환의 기회를 가지려 했습니다. 사실 미·일행동합동위원회라는 데가 있는데 감염증과 관련해서는 미·일은 정보 교환을 한다. 그래서 지역의 보건소는 아닐지도 모르지만 미군 내 감염에 대해서도 외부 감염에 대해서도 정보 교환을 하자는 것은 거기에서 결정되어있었을 것입니다.

그런데 트럼프 정권은 국내 미군기지에서 감염이 늘어났기 때문에 안전보장 문제라는 명목으로 미군의 감염자 수는 전 세계 전체적으로 가르치지 않겠다, 공표하지 않겠다 하는 것을 2020년 3월에 발표했습니다. 그래서 오키나와현이 참 곤란해졌어요. 일본 방위청에 말해도 잘 해결이 안되고 후생노동성도 어떻게 해야할지 모르고…… 그래서 오키나와현이 결국 미군 사령부와 독자적인 의견교환의 자리를 가지고 감염자수와 파악되는 감염경로에 대해 정보공유를 해달라고 요청했어요. 현민들도 물론 그것을 원했고요. 2020년 3, 4월은 언론에서도 이 내용을 많이 보도했었어요.

그런데 결국 감염증 문제를 정치화하게 되면 미군의 태도를 경직하게 만들 수도 있어, 오키나와현은 강한 태도를 취하지는 않았습니다. 그러니까 감염증에는 미군도 주민도 경계선이 없다. 어느 나라 사람이냐 이런 구분이 없이 다 함께 노력하자는 자세로 갔어요. 이것은 얼핏 보면 타협처럼 보일 수 있는데 현실적 대응책으로서 그렇게 할 수밖에 없었습니다. 그래서 결국 협상 끝에 미군은 각 기지 시설에서의 감염자수, 예를 들어 가데나嘉手納 기지에서 몇 명, 캠프 한센에서 몇 명, 이렇게 수자만은 공개하게 되어 있습니다. 그러나 감염경로에 대해서는 군인들의 프라이버시에 해당된다고 정보공유가 되지 않고 있어요. 오키나와 뉴스는 현 내의 감염자 수와 거기에 덧붙여서 미군기지의 감염자 수를 보도하고 발표하고 있습니다.

그 숫자를 보면 오키나와 전체의 감염자 누계 총수의 10% 정도입니다. 미군의 누계가요. 미군들은 다 로테이션 근무하고 있기 때문에 사실은 더 많을 것이라고 저는 생각합니다. 지금 변이바이러스도 나와서 앞으로 어떻게 모니터링하면서 관계를 구축할 수 있는지 과제가 많다고 생각합니다.

아무튼 미군은 팬데믹 상황하에서 너무나 자기중심적이라고 말할 수밖에 없습니다. 본국에서 와서 2주 동안 격리를 하고, 그리고 음성이라면 미군기지에서 활동할 수 있다고 그들이 규정한 것 같습니다. 기지 밖 호텔을 전세 내서요. 기지 안이 그렇게 넓은데도 군이 기지 바깥에, 기지 외부에 있는 호텔을 빌려서 가족과 함께 2주 동안 격리하도록 했어요. 오키나와 시민 입장에서 봤을 때는 대단히 두려운 것입니다. 미국의 감염상황을 다 보고 있기 때문에요.

지금 미군에 의한 감염이 폭발하고 있는 것은 아닙니다. 그러나 주민들이 느끼는 잠재적인 불안에 대한 오랜 역사가 있습니다. 아까 말씀드린 논문에서는 이 감염증의 역사에 대해 썼습니다(5장). 한국전쟁 때는 성 감염증 문제가 가장 큰 문제였고, 베트남전쟁 때는 새로운 감염증으로서 풍진 문제가 나왔어요. 기지와 감염증은 앞으로 더 깊이 연구를 해야 할 주제라고 생각하고 있어요.

○ 조경희

오키나와의 감염증의 역사와 미군의 부조리한 대응, 그리고 기지를 둘러싼 주민들의 잠재적 불안에 대해 중요한 내용을 말씀해 주셨습니다. 미군, 일본정부, 오키나와 현, 그리고 주민들 사이에서 압도적으로 미군이 권력을 행사하고 그 모순이 주민들에게 다부가되는 구조가 코로나 상황에서 뚜렷해진 것 같습니다.

한국에서 미군기지 내 감염에 대해서는 많이 주목되지 않는 것 같아요. 한미지위 협정^SOFA 26조에는 "질병의 관리와 예방 및 기타 공중보건, 의료, 위생과 수의업무의 조정에 관한 공동관심사는 합동위원회에서 양국 정부의 관계 당국이 이를 해결한다"는 내용이 포함돼 있습니다. 정부 관계 당국이 협의해서 해결한다고 하는데, 오키나와의 미군과 마찬가지로 매일 감염자 수만을 발표하고 있지만 미군과 그 가족은 기지에서 자체적으로 검사를 시행하기 때문에 신뢰성이 떨어진다는 것이죠. 그 이상의 정보 접근은 차단되어 있고요. 정부에서 정치화시키지 않으려는 자는 오키나와와 마찬가지로, 질병관리본부와의 협력관계가 잘 구축되어있다는 보고만 반복하고 있는 것 같습니다. 오늘^2021.2.9 뉴스에서는 주한미군 감염자 누적수가 721명이라고 발표되었어요.

2020년 여름 미국독립기념일에 오키나와에서도 한국에서도 미군이 해변에서 대규모 파티를 열어서 공분을 산 적이 있었죠. 오키나와에서는 141명이 감염되었다고 보도되었고, 한국에서도 주한미군 수천 명이 마스크를 쓰지 않고 부산 해운대 거리를 활보했어요. 그 후에도 댄스파티를 열고 몇 번 기사에 나왔지만 한국에서는 크게 보도되지는 않았어요...미군의 심리상태는 어디서 어떻게 나올까요. 감염이 되어도 상관없다, 감염원이 늘 자신들 내부가 아니라 현지 주민들에게 있다는 미군의 관점, 이건 뭐랄까요.

식민주의와 오리엔탈리즘, 혹은 냉전적인 군사주의가 결합된 양상이 아닐까요? 미군 개개인의 문제도 있지만 미군기지 자체가 늘 주체이고 중심이고, 지역사회는 객체이고 외부의 적이 되는…… 위기는 늘 외부에서 들어온다는 전형적인 군사주의적 관점을 드러내고 있네요.

○ **와카바야시**

식민주의와 오리엔탈리즘…… 1950~60년대 성 감염증 대책에서는 늘 여성들이 적이었던 것처럼 말이죠. 그런데 미국은 자신들을 식민주의 국가라고 절대로 생각하지 않죠. 태생적으로 자유의 나라라고 지난번 바이든도 말하고 있었어요(웃음). 뭐 어쨌든 미국은 점령을 반복한 나라지만 그런 자의식이 별로 없어요. 미군들은 자신들이 세계를 구한다, 수호한다고 교육을 받기 때문에 물론 군인중심주의가 만연합니다. 우리가 지켜주고 있다, 자유의 나라다, 대서양헌장부터 시작해서 그런 현실 속에 있습니다. 이것을 식민주의라고 말하면 곤란하다는 것이 미국의 오키나와 통치의 핵심이죠. 음…… 이걸 어떻게 말하면 좋을지 조심스럽지만, 해변에서의 파티의 모습을 보고 있으면 인종주의는 별로 큰 변수가 아닌가? 라는 생각이 들어요. 작년 미국에서는 BLM^{Black Lives Matter} 운동이 확산했지만 군인들을 보고 있으면 아무런 상관이 없어요. 미국 군인이라는 것이 더 상위 범주에 있어요. 기지 내 군인들 개개인에게는 여러 배경들이 있겠지만, 군인이 된 순간 모든 것을 초월하죠.

○ 조경희

인종이나 계층을 넘어 군대와 전쟁이 형식적인 '평등'을 만든다는 역설적인 상황이 있죠. 역사적으로도 전쟁이 참정권이나 사회적 보장과 같은 시민권을 만들어 온 경위가 있었죠. 물론 그것은 국가가 시민들을 동원하기 위해 제공한 장치라고 할 수도 있고, 군인들에게는 국가에 복무함으로써 인정을 받는, 그런 동기부여가 되는 것일텐데요. 물론 저는 군대 내 '평등'도 환상이라고 생각합니다만. 어쨌든 군대라는 범주의 초월성은 오키나와나 부산과 같은 아시아에서는 오리엔탈리즘이 작동되면서 더 강화되지 않을까요. 세계를 수호한다는 선민의식과 "미개한" 지역사회에 대한 불신. 이러한 미군의 위계적인 위상과 자기인식이 70년 이상 변화가 없다는 것이죠.

오키나와 지역사회가 냉전경험 속에서 축적해온 잠재적인 불안과 불신, 분노는 단지 기지가 문제라는 것이 아니라 이와 같은 억압관계를 몇 번이고 갈아치우는 이 구조에 있다고 볼 수 있을 것 같아요. 포스트 코로나의 정동은 오키나와에서 냉전의 기억과 연결되고 있네요. 일상적인 사고와 폭력은 예전부터 있어왔지만 코로나가 주민들의 분노와 불안을 그저 강화하는 것이 미군에 대한 감시나 위기의식을 높이는 적극적인 변화로 작용하는 경우는 없을까요? 최근 오키나와에서는 미군기지에서 화학물질이 나온 사건이 있었죠?

포스트 코로나와 평화, 환경운동

○ 와카바야시

네. 피포스PFOS라고 하는 불소 화합물, 불소가 들어있는 화합물, 유기화합물의 소화제가 이 기지 안에서 유출되었습니다. 주변에 이것이 퍼져나가는 일이 있었습니다. 2020년 4월이었는데, 코로나로 다들 놀라고 있을 때 뭔가 거품같은 것이 기지에서 주택지로 날아와서 오염이 확산한 겁니다. 처음엔 이게 뭔지 몰랐습니다. 그런데 기지에서 나왔고, 불소 화합물 약제였다는 것을 나중에 알았습니다. 이것이 환경에 굉장히 부하를 주는, 그리고 인체에도 영향을 주는 약제라는 것입니다.

그럼에도 불구하고 미군은 위험을 알면서도 이것을 일상적으로 사용했었다는 거에요. 이 거품을 통해 그 정체가 세상에 밝혀졌어요. 원래 환경운동하는 사람들이 미군기지가 있는 후텐마普天間, 가데나嘉手納 주변 오염물질에 대한 조사를 하거든요. 그래서 조사를 하다가 이것이 기지 내부에서 나온 것이라는 것을 지적하고, 그 사실이 처음 알려진 것입니다.

또 코로나로 락다운 상태일 때 미군의 범죄가 분출했어요. 택시를 타고 현금 강탈을 하거나 또 환전소에서 강탈하거나...규정상 기지 밖으로 나가 술을 마시면 안 되었는데 나하 시내까지 가서 하룻밤 자고 돌아간다. 그래서 음주운전을 하고 교통사고를 낸다든지 굉장히 여러 형태의 범죄들이, 락다운 상태였음에도 불구하고 굉장히 빠른 속도로 많이 일어났어요. 미군들도 스트레스가 있다고 하는데 그 모순을 오키나와 사회에 전가해서 되나요. 직접적인 피해를 볼 수밖에 없어요. 미군에 대한 관점이 특별히 바뀐 건 아니지만 팬데믹 상황인데도 이 정도까지 한다는 것에 대해 두려움의 감각이 강해진 것 같습니다. 미군만이 아니라 미국에서 일어나는 일에 대한 두려움이라도 해도 되겠네요. 특별히 새로운 문제는 아니지만 자유롭게 놀지 못한 스트레스를 풀려고 사건을 일으킨다거나, 기지 내의 감염만 막으면 된다는 자기중심적인 생각은 코로나를 버티고 있는 상황에서 아주 악질적인 것으로 비쳐질 수밖에 없었습니다.

○ 조경희

화학물질의 위험을 알면서도 죄책감도 없이 그걸 써왔다는 것에 정말 주민들은 분노가 치밀어올 수밖에 없네요……. 팬데믹과 마찬가지로 환경오염에 경계가 없는데 말이죠. 주민들에게 미군 기지가 평화만이 아니라 환경과 생명을 위협하는 존재가 되고 있고, 이제까지도 그래왔습니다. 그런데 일본의 시민사회 전체에서 봤을 때 지금 기지문제나 평화운동에 대한 관심을 모으기가 참 어려운 일이지 않나요? 코로나의 긴급성이 전면에 나오면서 다른 문제가 뒷전이 되는 경향이 있을 것 같습니다. 후텐마 기지 이전 반대운동을 해온 헤노코 현장도 사회적 거리두기를 고려하거나 경찰과의 관계에서도 다소 변화가 있는 모양이네요. 반기지 운동의 아젠다에 코로나가 어떤 영향을 미치고 있을까요, 혹은 없을까요?

○ **와카바야시**

저는 최근에 헤노코 현장을 많이 못 갔기 때문에 직접 체감한 것이라기보다는 들었던 이야기들이지만 농성 운동이 아무래도 옥외에서 하면 옆으로 다닥다닥 붙게 되잖아요, 옥외라 하더라도 밀접한 접촉을 할 수밖에 없으니 농성을 하기가 좀처럼 어렵습니다. 운동 현장에는 다양한 사람들이 모이다 보니까 "이까짓 것 갖고 왜 이래?"라고 마스크도 거부하는 고참 평화활동가들도 있었고, 혼란스러운 현장이 되기도 했지만, 조금씩 합의가 이루어졌고 거리두기 하면서 마스크 착용하는 최소한의 규칙이 정해지게 되었습니다.

어찌 되었든 아무래도 기지가 만들어지다 보니, 또 팬데믹 상황이다 보니 토사도 많은 어려운 상황에서 농성을 하고 있는, 틀림없이 지금 현장은 그래요. 거기다 토사를 넣어 매립을 하는데 현

〈그림 7〉 미군기지 반대투쟁 현장에서의 평화의 깃발 ⓒ『케시카지(けーし風)』편집부

민 사이에서 지금 이슈가 되어 있는 것은 이 토사가 도대체 어디서 오느냐는 것입니다. "바다를 매립할 만한 흙이 어디서 오는 거지?"라는 의문이죠. 규슈나 아마미의 도서부에서 가지고 온다는데 그중 한 곳이 오키나와 남부에 있는 이토만糸満시 고메스米須라는 지역이에요. 오키나와 전쟁 때 굉장히 격전지였던 장소입니다. 거기의 숲을 깎아서 거기서 토사를 가지고 온다는 것이 결정이 되었어요. 전쟁 희생자들의 아직 수습되지 않는 뼈가 남아 있는 곳의 토사를 헤노코 기지 매립을 위해서 가져온다는 것에 대해 주민들 사이에서 격렬한 문제제기가 있었습니다. 돌아가신 분에 대한 모독이기도 하고 역사에 대한 모독이기도 합니다. 희생자의 유골

이 섞인 흙을 헤노코의 매립에 사용하는 것은 있을 수 없다고, 지금 강력하게 호소하고 있어요. 코로나 상황에서 큰 집회는 못하기 때문에 우리가 어떻게 의견을 모아야 할지 생각해야 하고요. 매우 중요한 시기입니다.

그리고 또 한 가지는 또 환경 문제입니다. 감염증 문제는 환경 문제이기도 합니다. 그런 면에서 옳은지 어떤지를 진지하게 판단을 내려야 해요. 오키나와의 정치구조가 참 변하지 않는 그런 구조가 있어 기지를 수용한다고…… 어제도 선거가 있었거든요. 우라소에浦添시라는 곳 앞바다에 갯벌이 있는데 거기를 메워서 그 공간을 이설한다는 계획이었습니다. 이 갯벌을 매립하는 것에 반대하는 사람들이 현직 시장에 불신임 선거를 했는데 결국 현 시장이 이겼어요. 선거 결과는 그렇게 됐지만, 환경문제가 겨우 쟁점이 되었어요. 사실 불가피하게 쟁점이 될 수밖에 없고, 또 단기간에 문제의식을 공유할 수 있는 데까지 왔다. 사람들 사이에서 팬데믹 상황 속에서 오키나와가 어떻게 바뀔 것인가, 라는 그림이 조금씩이지만 나타나고 있다는 것을 제가 느낄 수가 있었습니다.

○ 조경희

오키나와전 희생자들의 유골이 섞인 토사를 헤노코 기지 매립을 위해 가져온다는 사실이 참으로 아프기도 하고 경악스럽기도 합니다. "유골에 배려하면서 토사의 채취가 가능하다"는 일본정부의 태도에 대해 유골 수집하는 활동가들이 기술적으로도 불가능하다고 하는 의견을 언론에서 봤습니다. 이건 오키나와 주민들에게는 물론이지만, 보편적인 인도적인 관점에서 절대 용납이 안되는 행위라 생각합니다. 일본정부가 헤노코 기지 건설, 그리고 미군기지 자체가 단지 군사적인 위협이라는 차원에서 평화를 침해할 뿐만 아니라, 오키나와의 환경과 역사, 그리고 인간의 생명과 존엄을 다 침해하는 반인도적이고 반생태적인 것임을 깨우쳐주는 이야기였습니다. 사실로서도 그렇고 관점으로서도 아주 중요한 논점입니다. 전세계의 모두가 코로나를 경험하면서 환경오염과 기후변화 등 생태위기에 대해 다시 생각할 기회를 얻고 있습니다. 코로나는 전 인류에 대한 공통의 재난이지만 오키나와는 코로나 없이도 이미 그동안 재난을 겪어왔고 끊임없이 새로운 재난이 갱신되는 것처럼 보입니다. 오키나와를 비관적으로만 볼 수는 없지만 문제가 너무 구조적이고 집약적이라는 점을 다시 확인하게 됩니다.

포스트 냉전 / 지구화와 동아시아의 기지문제

○ 조경희

거의 마지막 질문을 짧게만 해야 할 것 같습니다. 미국 대통령이 바뀌면서 동아시아 관계 변화에 대해 사람들이 기대를 하고 있습니다. 서양이나 미국이 예전과 같이 않고 세계가 다중심화되는 포스트 지구화의 현실을 더 부각시켰습니다. 오늘 오키나와를 비롯한 동아시아의 미군기지 문제가 변화를 겪는다거나 그런 낙관적인 전망은 나오기 어려울 것으로 보입니다만, 지금 현재 한중일 아시아와 미국과의 관계에 대해 자유롭게 말씀해주시면 좋겠습니다.

○ **와카바야시**

저는 한국 이야기도 많이 듣고 싶습니다. 나중에 기회가 있겠죠? 대통령 선거 이전부터 트럼프가 아니라 바이든 정권이 되면 새로운 상황이 벌어진다는 이야기가 있었던 것은 아니죠. 미국인들도 민주당 지지하는 사람들도 아마 그랬죠. 후보가 많이 있었고 버니 샌더스도 있었지만, 결과적으로 "네? 바이든이 된다고요?" 정도로 생각한 사람들도 미국 사람들 중에 있었을 것 같아요. 헤노코 기지 문제가, 헤노코 뿐만은 아니죠. 오키나와 기지 문제가 바이든 정권이 되었다고 쉽게 해결이 될 것이라는 예상은 별로 하지 않습니다. 바뀌지 않을 것이라는 의견이 더 많을 것입니다.

아무래도 오바마 정권 당시에 뭔가 변화할 것이라는 기대, 즉 클린턴 국무장관의 '리턴 투 아시아', 아시아 회귀와 맞물려서 '피봇 투 아시아'Pivot to Asia가 있었기 때문에 그 기대를 배신당했다는 것이 오바마 정권 시기에 계속 붙어 다녔죠. 그래서 결과적으로 바이든 정권의 외교 담당자들이 그대로 되돌아온 것 같은 느낌이 지금 듭니다.

그래도 한 가지 기대를 한다면 아무래도 환경문제가 아닐까 싶습니다. 사실 『케시카지』 최신호에 미국 환경 활동가들과의 대담이 실리는데요. 국경을 넘어서 협력을 하면서 해온 그런 동료들입니다. 오키나와 사람들하고 같이 활동해온 미국 동료들인데 그들도 트럼프 정권 당시에 환경대책 때문에 굉장히 고생했기 때문에 바이든 정권에서 다시 반격하고 싶다는 생각을 가지고 있지만, 바이든 정권의 환경정책이 전기자동차 개발과 같은 그런 부류의 사람들과도 같이 가고 있죠. 그러니까 자연을 지키는, 환경사회를 지키자는 운동하는 쪽은 아무래도 자본의 환경이라 할까요. 전기자동차 기업가들과 바이든 정권 환경정책의 우선권을 가지고 서로 다퉈야 한다는 것이 그분들이 안고 있는 고민이더라고요.

그동안 국경을 초월한 신뢰성 있는 시민사회를 만들어왔으니 향후 그런 실천을 지속해야 합니다. 세계적으로 봐도 젊은 10대 후반 20대들은 환경의식이 우리 때와는 전혀 다른 위기의식을 가지고 있습니다. 그렇게 임하고 있고요. 그런 사람들하고 대화하면서 우리도 진전해야 하고요. 그런 의미에서 바이든 정권도 활용할 수가 있겠다. 겉으로만 내세우는 것일 수도 있겠지만 환경정책을 중시한다고 하니 거기에 우리가 접근해볼 필요가 있겠다. 바이든 정권에 대한 새로운 전략, 접근법을 운동 쪽에서도 생각할 단계가 되지 않았을까요.

헤노코 문제도 마찬가지입니다. 지금까지 아마 한국에서도, 일본 본토에서도 환경문제를 통해 기지문제에 접근하는 사람들도 많이 있잖아요. 그런 분들을 저희가 지원할 필요도 있겠다고 생각합니다.

다만 미국이 불안정화되고 있기 때문에…… 지금까지 포스트 냉전은 미국 일극주의였고 그것을 지구화라고 불러왔고, 물론 오바마 정권 시기에도 다극화라는 말을 많이 쓰기도 했지만 그것도 지금 변화하고 있어요. 중국, 러시아, 인도도 있고, 그들은 힘도 있고요. 또 아세안이나 아프리카 연합도 있고 EU도. 지역연합하고 또 새로 등장하고 있는 강대국들의 새로운 힘겨루기도 있다고 봅니다. 그런 가운데 오키나와가 어떻게 살아남을 수 있을지 진지하게 생각하기 시작하면 좀 정신이 아득해지는데요.

그런데 또 신냉전이라는 언어를 지금 일본 언론에서 많이 쓰고 있습니다. 바이든 정권이 들어서자마자 신냉전을 계속 외치고 있어요. 과거의 냉전에서 봤던 이원론적인 세계관, 둘 중의 하나를 선택하라는 식과는 다르지만 그래도 또 미국이 "아메리카 이즈 백", "디플로머시 이즈 백"이라고 하면서 동맹국가를 강조하기 시작했어요. 또 우리에게 계속 선택을 시킬 것인가 라고 약간 두려운 감도 있는데요. 도대체 미국이 말하는 게 무슨 의미인지 생각해보게 되는데, 사실 실제로는 중국이냐, 미국이냐 라는 선택 외 다른 선택지를 일본도 포함해서 의식하고 있다는 것이 트럼프 정권 말기부터

바이든 정권 초기의 동향이고, 그것이 가시화되고 있는 것 같습니다. 그래서 일본도 중국과의 관계를, 일본의 현재 외교 입장에서는 중국과의 관계 개선을 위해서 노력하고 있는 것이죠.

또 미국과 중국과의 거리의 중간에서, 일본이 그 징검다리 역할을 하는 것이라고 외무장관도 말하고 있고, 또 싱가포르에서 다보스 회의를, 세계경제포럼이 5월에서 8월로 연기가 되었는데요. 미·중의 대화 테이블을 우리가 만들겠다는 것을 싱가포르의 리 수상이 연설한 내용이 일본에서 또 화제가 되기도 하는데요. 그러니까 신냉전이 과거 냉전의 되풀이가 아니라, 그러면 무엇이냐고 했을 때 물론 여러 나라가 지금 모색하고 있는 상황이고, 또 미국은 국내 정치가 불안정화되고 있는 가운데, 그 구조의 대변동 속에서 어떻게 자신들의 공동체를 유지하면서 어떻게 횡적인 관계를 만들어 나갈 것인지. 그러니까 각 국가가 어떻게 나아갈지가 물론 중요하지만 시민사회 측도 지금 시험대에 오르고 있고 있다고 생각합니다. 그러니까 선악의 논리만으로는 판단할 수 없는, 동태시력을 필요로 하는 그런 시대가 되었습니다.

○ **조경희**

네, 감사합니다. 이제 정리를 할 시간이 된 것 같습니다. 마지막으로 제가 오늘 대화를 통해 생각한 것들을 말씀드리고 선생님께서 마무리 발언을 해주시면 되겠습니다.

아시다시피 초기에 특히 서양의 어떤 학자들이 아시아의 코로나 대책을 바라보는 방식은 여전히 유교문화를 바탕으로 한 특수성으로 설명하는 경향이 있었죠. 아시아의 경험을 집합적으로 보고 자유주의와 개인주의가 덜 발달된 사회로 고정시키는 것이 얼마나 피상적인 인식인지는 굳이 반복하지 않겠습니다. 일본과 한국의 경우만 봐도 서로 다른 근현대사 경험이 코로나 대책이나 팬데믹을 대하는 자세에 많은 영향을 미치고 있고, 또 오늘 선생님의 말씀을 통해 일본 내부에서도 오키나와의 사회경제적 혹은 문화적 조건이 본토와는 다른 생활감각, 신체성 그리고 정동을 만들어내고 있다는 점을 알 수 있었습니다.

그렇다면 동아시아의 전쟁 경험과 팬데믹을 대처하는 방식이 어떤 연관이 있을지 생각해볼 수 있을텐데요. 선생님께서 다른 논고(5장)에서 실제 오키나와에서는 코로나와 전쟁을 결부시키는 담론은 없다고 쓰셨어요. 즉 오키나와에서 전쟁이란 오키나와 전쟁을 의미하는 것이고, 그것은 다른 무언가에 비유될 수 있을 만큼 추상적인 경험이 아니었다는 뜻으로 이해할 수 있습니다. 이 점이 참 중요하다고 느껴졌는데요. 그러면서도 오늘 말씀해주신 코로나에 대응하는 지역사회의 대응은 처참한 전쟁경험과 미군점령의 과정과 무관하지 않는 생존력이나 몸짓이라는 생각도 듭니다.

또 한편 기조발표에서는 오카모토 케이도쿠의 '수평축의 발상'을 인용하면서, 오키나와 전쟁이라는 외적 요인에 의해 오키나와의 "공동체의 생리"가 왜곡되어버린 상황에 대해 쓰고 계십니다. 국가의 의지에 환상을 품은 결과로서의 집단자결, 국가에 스스로를 위임하는 것이 "죽음으로의 도약"이 되어버렸다는 오키나와의 처절한 경험에 대해 언급하셨습니다. 이것을 상기할 때, 집합적인 기억이나 트라우마, 화한이 지역사회가 재난상황을 살아내는데 어떻게 작용하고 있을까요. 다시 말해 제국주의 전쟁국가로서 국가의 의지를 폭력적으로 발동시켜온 일본, 그 희생양이 된 오키나와의 아픔의 지속이 팬데믹을 마주하는 방식에 반영되고 있다고 말할 수 있는지. 오키나와 주민들의 생활자로서의 연대 감각이나 지역사회의 자율성에 대한 말씀을 들으면서 그런 생각을 할 수밖에 없었습니다.

한국은 아까도 말씀드렸듯이 국가에 자신들의 몸을 맡긴다고 할까요. 국가에 자신을 위임하는 그런 감각이 신체화된 부분이 있습니다. 매일매일 QR코드를 통해 개인정보를 제공하는 행위는 일본이나 서구에서 전체주의로 보여도, 한국에서는 통치와 감시의 개념보다는 안전에 대한 감각으로 받아들이고 있는 것 같습니다. 그런 몸짓은 분단, 냉전체제와 밀접한 관계가 있어 보입니다. 혹은 최근 이야기를 한다면 전 정권에서 일어난 세월호 사건의 트라우마도 안전에 대한 국가의 책무를 강하게 요구하는 하나의 기준이 되었다고 할 수 있어요. 코로나의 동시대성 속에서도 역사의 '망령'은 생각보다 짙게 나타나고 있다고 생각합니다.

이렇게 쓰면 너무 국민국가나 지역의 경계를 전제로 하는 것처럼 느껴지지만 코로나 상황에서 새삼스럽게 국경이 강화되고 사람들을 국가로 분할하는 현실이 다시 도래하고 있어요. 그동안 생정치bio-politics로 비판되어 온 사람들의 삶을 관리하는 통치성의 역할이 향후 더 커질 수 있습니다. 한국과 일본의 코로나 대책이 많이 다르다는 것을 강한 정부, 약한 정부 식으로 대립적으로 비교하는 것은 적절하지 않아 보입니다만, 오키나와, 일본, 한반도, 중국 등 아시아의 팬데믹 정동의 역사적 맥락을 서로 교환하고 알아가는 작업이 그저 "우리는 같은 배에 타고 있다"고 하는 것보다 중요하다고 생각합니다. 각 지역사회의 민중들이 겪은 상처를 반추하면서, 이것을 어떻게 옆으로 이어서 공통적인 장을 확장해갈 것인가. 그야말로 새로운 수평축의 사고가 요구되고 있는 것 같습니다.

○ 와카바야시

한국의 세월호 사건을 통해서 국가가 목숨을 지키지 못한다, 지키지 못한다기보다 지키지 않는다. 그러한 경험이라든지 그게 역으로 국가에 너무 지나친 역할을 요구한다거나 또 냉전 체험의 반영이라든지 실체적 반영이라든지 매우 세밀하고 섬세한 이야기입니다. 처음에 말씀드렸지만 공공의 이익으로서의 감염증 대책과 사람의 자유와 인권, 인간의 모습을 어떤 식으로 잘 균형을 맞출 것인지 그리고 이것은 원근법을 갖고 생각해야 됩니다. 그러니까 코앞에 있는 문제뿐만 아니라 과거의 역사적 경험까지 포함해서 생각해야 한다는 지적에 저도정말 저도 동감합니다.

그리고 아시아라고 한마디로 이야기하지만 각 지역마다 갖고 있는 경험을 통해 어떻게 균형을 잡을 것인지가 저마다 다르고요. 또 문제가 발현하는 방식이 다르기에 앞으로도 깊이 논의를 거듭해야 된다고 생각합니다. 마찬가지로 우리는 서양 국가를 하나로 묶어서 말하기도 하죠. 유럽이나 미국도 각 국가마다 다 다르겠죠. 예컨대 정교분리의 원리도 프랑스와 다른 유럽 국가에서 다릅니다. 종교와 정치를 둘러싼 역사에 차이가 있어요. 그런 요소들이 이민정책이나 국민통합, 국경에 대한 감각 등에 다른 반응을 가져오기도 하죠. 또 유럽과 미국이 아시아에 개인주의적인 사회임은 틀림없겠지만 대가족으로 사는 사람들도 많아요. 이탈리아에서 최초의 감염폭발이 일어난 것도 오키나와와 마찬가지로 고령자들과 젊은 세대의 접촉이 일상적인 사회이기 때문이죠. 서양이 아시아를 볼 때와 마찬가지로 이쪽에서 서양을 볼 때도 내부의 복잡함을 섬세하게 볼 필요가 있다고 생각합니다.

인류 전체가 지금 같은 경험을 공유할 수 있는 기회는 제가 보기에는 유례가 없는 것 같습니다. 그런데 실제 구체적인 과제는 사회마다 다르다는 것이죠. 따라서 팬데믹은 서로의 사회의 깊은 부분에 있는 문제를 이해하기 위한 꽤 중요한 기회일 수 있다. 오늘 같은 시도가 서로 가슴 깊이 있는 문제를 같이 들여다보고 공유할 수 있는 기회가 아닐까 하는 것을 오늘 선생님의 질문과 대화를 통해 깨닫게 되었습니다. 한국의 경험에 대해서는 아직 이해를 못하고 있지만요.

제가 올린 논고에 오키나와에서는 전쟁과 관련된 비유로 코로나에 대해서 쓰지 않는다고 했는데요. "코로나는 전쟁 같다"라고 하는 표현은 오키나와에서는 좀 어렵습니다. 머뭇거려요. 전쟁이라는 말은 너무 리얼해서 가슴이 덜컥해서 쓸 수 없어요. 그런 말을 선택하지 않는 경우가 많은데 그런 비유를 본토의 지식인들이 쉽게 써요. 그런 주저하는 선을 가볍게 뛰어넘어 버리죠. 그럴 때 뭐가 다를까. 이 간격은 뭔가라는 의문이 들어요. 저도 본토 사람이니 그들과 같은 생각을 가질 수도 있지만 그 이유를 잘 모르겠어요. 왜 본토에서는 전쟁이라는 비유를 쓰는가 라는 의문은 어떤 심리적인 문제로서 더 머물러서 심도 있게 다뤄야 할 것 같습니다. 과연 오키나와 전쟁이란 무엇이었는지, 미군이란 무엇이며 미국이란 무엇인지, 일본이란 무엇인지 하나하나 물어봐야 합니다. 사람의 목숨도 그런 실천적인 물음과 함께 있고 또 늘 선택을 할 수밖에 없기 때문이죠. 그냥 그런 지식인들을 비난하는 것만이 아니라 어떻게 극복해야 할까 고민하고 있습니다. 감사합니다.

3

질의응답과 토론

○ 이기웅

　장시간에 걸쳐서 굉장히 흥미롭고 많은 영감을 주는 대담 감사
드립니다. 사실 저 개인적으로도 피상적으로만 알고 있던, 막연하
게만 알고 있던 것들을 다른 시각, 다른 목소리로 접할 수 있어서
상당히 의미가 깊었던 시간이었던 것 같습니다. 다음 순서는 저희
연구소 강성현 선생님의 지정토론, 들으면서 느끼셨던 여러 논점
들을 주로 와카바야시 선생님께 질문하는 순서를 갖도록 하겠습
니다.

○ 강성현(토론)

　안녕하세요? 저는 성공회대학교 동아시아연구소의 강성현이라
고 합니다. 반갑습니다. 오키나와의 와카바야시 선생님도 오랜만

에 뵙는 것 같고 제가 2005년, 2006년에 서울대 오키나와 미군기지의 정치사회학이라는 프로젝트 진행하면서 정근식 교수님과 오키나와에 방문한 적이 여러 차례 있고, 오키나와대학의 야카비 오사무屋嘉比收 선생님과 같이 집단자결, 강제적 집단학살에 대한 연구를 진행해서 글도 쓰고 책으로 낸 바 있습니다. 그 이후에는 오키나와를 반보 물러서서 제주도와 오키나와를 이렇게 비교하면서 보는 연구를 진행하다가 최근에는 일본군 위안부 문제와 한국전쟁 전후 민간인 학살 문제를 중심적으로 연구를 하고 있습니다.

오늘 내용에 대한 질문과 약간의 논평을 말씀드리도록 하겠습니다. 와카바야시 치요 선생님께 먼저 말씀을 드리겠습니다. 첫 번째 질문인데요. 대규모 진단검사와 확진자 접촉자 추적 기술을 활용한 감염자 선별과 치료 과정에서 공개되는 확진자와 접촉자의 동선이 지금 한국의 현 방역 모델의 특징인데요. 이를 국가개입에 따른 인권침해로 볼 것인지 아니면 시민의 안전을 위한 역학조사의 문제로 바라볼 것인가 이런 논쟁들이 좀 있습니다.

국가개입 자체가 왜 문제인가 하는 생각이 들기도 합니다. 재난 사태에 대한 국가의 무개입은 아까 조경희 선생님 말씀대로 세월호 사건을 계기로 무능력, 무책임으로 비춰질 수도 있고 그런 국가에게 이것이 국가인가 하는 근본적인 질문을 대면하게 했던 경험들이 또 있습니다. 이른바 K-방역을 상찬하는 논의들은 민주적 방역이고 대국민 의사소통에서의 투명성을 실행하고 행정당국에 대한 신뢰를 제고하고 이것이 시민 간 연대 확보의 핵심 요소가 아닌가 이렇게 주장하면서 상찬하는데요.

그리고 확진자 접촉자의 동선을 확인하는 기술의 활용이 문제가 되는데 이것을 디지털 빅브라더, 권위주의, 심지어 유교적 권위주의, 아시아 권위주의 이런 비판의 근거가 되기도 하지만 이것이 국가 권력의 일방적 실천이라기보다 시민의 광범위한 동의하에 이루어지고 있다는 반론도 있습니다. 제 생각에도 이런 연구들이 있는데요. 국가 권력이 단일하고 거대한 것만도 아니고 폭력이나 감시로만 단순화되지도 않는다고 이렇게 논의하는 주장도 있습니다. 문제는 이런 기술에 입각한 정보공개와 동선 파악만으로 물리적, 심리적 방역이 완성되지 않는다는 점인데요. 불안과 공포가 여전하고 심지어 이 사태와 곤경을 감염자 개인에 대한 분노로 몰아가는 재난의 개인화가, 그리고 재난의 젠더화가 심화되고 발생하는 게 문제겠죠.

결국 이렇게 보면 국가개입이 어떤 역사적, 사회적 맥락에 놓여 있는지 그리고 개입의 구체적 방법과 내용이 확인되어야 되지 않을까 이런 생각이 드는데 오키나와 사례를 보니까 그런 느낌이 더더욱 듭니다. 이것을 어떻게 생각하시는지 제가 한국 사례를 많이 설명해드렸어요. 그래서 혹시 오키나와 사례와 비교하면서 드는 생각이 있으시면 말씀해주시면 좋겠습니다.

두 번째는 도서 지역에, 아까 이챠리바쵸오데라는 "우리는 한 형제"와 같은 말의 중층적 의미에 대한 선생님의 설명이 매우 흥미로 웠는데요. 붙임성이 있다는 의미 이면에 한 다리 건너서 친척, 친지 정말 좁은 사회다. 이것은 사실 이런 자기검열을 하듯 조심하는 감각은 제주도가 고향인 제게도 정말 와닿는 말입니다. 우스갯소리 지만 제가 제주공항에 들어가는 순간부터 제가 연락하지 않았음에도 금방 부모님이 아시는 상황이 벌어지곤 했습니다. 더 나아가 선생님 오카모토 케이토쿠의 수평축의 공동체적 생리에 대한 생각을 경유해서 오키나와의 공동체 의식과 감각이 꼭 긍정적으로 작용하지만은 않는다는, 다시 말해 뒤틀려버릴 때와 그런 조건을 성찰하고 있는데요. 이것도 참 인상적입니다. 오키나와 근대화 과정, 그리고 특히 오키나와 전쟁에서의 국가 의지와 공동체 의지의 혼동과 환상을 말하는 대목에서는 선생님이 왜 미증유의 팬데믹 사태에서도 국가개입을 경계하는지는 이해할 수 있었어요.

제가 생각하기에 이 문제는 육지와 섬, 그리고 중앙과 지방, 그리고 본토 평화를 담보하는 기지의 섬이라는 삼중의 차별 구조에서 국가에 의한 동원형 사회의 일체성을 저항하고 또는 넘어서는 그런 새로운 연대에 입각한 공동체성이 과연 오키나와라는 장소 안과 밖에서 가능할까, 이런 문제의식과 맞닿아있는 것이죠. 선생님께서도 포스트 냉전과 팬데믹 시대에 오키나와라는 섬, 지방 혹은 차별 공간에 놓인 공동체 안의 관계성을 어떻게 하면 공정하고 상호 구조적으로 만들어갈 것인가. 더 나아가 다른 공동체와도 그렇게 만들어나갈 수 있을 것인가에 대한 고민을 말씀하셨고, 특히 새로운 공동성, 특히 "참된 장소"에 대한 전망을 과제로 설정하신 것도 이런 이유에서라고 생각을 하는데요.

그런데, 이에 대한 사회적 상상력이 필요한데요. 한국의 한 연구자는 이와 관련해서 질병을 겪어내고 나름 의미를 만들어가는 스토리텔러로서 확진자, 혹은 격리자의 질병 서사가 더 많이 만들어지고 들리게 하는 방안을 고민해야 되지 않을까, 그래서 확진자를 바이러스 운반자로, 치료나 관리대상으로만 놓기보다 질병을 만든 사회에 대한 목격자로 위치시키고 어떤 대안적 코로나 서사를 만들어가는 게 필요하지 않을까 이런 이야기들을 하는데요. 저는 이 스토리텔러로서의 대안적 코로나 서사를 이야기를 들으면서 오키나와에서의 반전 평화에 대한 사회적 상상력 그리고 대안적 서사가 굉장히 비슷하다는 생각을 했습니다.

그리고 조경희 선생님께 드리는 질문인데요. 조경희 선생님 말씀을 많이 안 하셨으니까 말씀해달라는 말이기도 한데요. 코로나19 팬데믹이 초래한 불확실성과 고립감은 분명히 불안, 불신, 공포, 심지어 혐오 정동으로 이어지고 있습니다. 특히 이것이 이주민과 소수자를 향하고 있는 것이 두드러져 보이는데요. 팬데믹 재난에 대한 중앙정부, 지방정부의 지원도 아까 오키나와도 비슷하던데요. 직접 피해에 해당하는 소득, 의료, 경제 영역에 집중되고 있고 그러다 보니까 남성 생계 부양자들만 받고 있고 이주민이나 여성 등 소수자가 그 지원 혜택에서 배제되고 있는 것은 분명한 것 같아요.

또 흥미로운 와카바야시 선생님 논의가 있었는데요. 오키나와에서는 다른 사람에게 폐를 끼치고 싶지 않다는 마음, 그리고 공동체 안에서 자신만 특별시되거나 주목받는 것을 강하게 꺼리는 것을 보면 곤궁을 호소하지 않고 참는 사람들이 많다 이렇게 표현하시면서 공공 속에서의 정동은 안으로 스며들어가 잘 보이지 않게 되었다고 하신 것 같아요. 이것은 분명히 한국과도 다르고 일본도 좀 다른 것 아닌가요? 제주도와 비교해서도 그런 것 같은데요. 처음 생각할 때는 전쟁과 동원형 사회에서 체득된 감각과 정동이 아닐까 싶었는데 다시 생각해보니까 별개의 오키나와적인 어떤 것이 있는 것 같기도 합니다.

그다음에 혹시 시간이 되시면 팬데믹 위기와 비상사태 이게 지금 평등한 것 같지만 리스크가 아래로 집중되는 양상들이 가속화되고 있고 그런 의미에서 불평등하다, 평등하지만 불평등하다 이렇게 말할 수 있는데요. 팬데믹 위기의 불평등이라는 게 기존의 구조적 불평등의 선을 타고 작동하면서 더 심화되는 것 같은데 오늘 오키나와 이야기를 많이 들었는데요. 한국과 일본의 상황도 조금 설명을 해주시면 감사하겠습니다. 마치겠습니다.

○ 이기웅

지금 시간 제약이 우리가 있어서 최대한 답을 짧게 해주셨으면
하고 부탁드립니다. 와카바야시 선생님 먼저.

○ 와카바야시

강성현 교수님 감사합니다. 오키나와와 제주, 그리고 또 넓은
관점에서 비교연구를 해오신 것으로 생각이 되는데요. 굉장히 어
려운 질문을 주셨습니다. 감사드립니다.

한국의 모습에 대해서 제가 어떻게 보고 있는가. 정말 스피드감
이 있었다는 것 외 아직 제가 많은 정보가 있는 것이 아니라서 답
변하기가 쉽지 않은 부분이 있습니다. 그런 전제로 국가개입, K-
방역의 민주적 국가와 시민과의 연대는 제가 처음에 오키나와에
대해서 말씀드린 것과 중첩이 되기도 할 텐데요. 행정, 그러니까
국가라기보다는 행정과 민간 섹터, 의사회, 그리고 시민 이렇게
삼자의 연대 관계가 공동관계로서 의사소통을 하고 합의 형성을
하는 과정이 오키나와의 경우에는 상당 부분 가능했습니다. 그래
서 처음 팬데믹이 오고 나서 4~5월 동안에 일정한 합의 형성이
이루어졌다고 봅니다.

즉, 국가라기보다는 매우 가까운 곳에 있는 지자체에서 이런 대
책을 해왔기 때문에 한국의 대규모적인 K-방역, 국가가 앞장서서
하는 것과 다르게, 현, 시, 정, 촌 지자체에서 직접적으로 관여해서

했다는 감각이 더 강합니다. 그것은 한국의 역사적인 경위, 즉 냉전적인 프로세스까지 경험을 한 그런 모습과도 관계가 있다고 생각이 됩니다.

그와 동시에 지금 현재 국가의 데모그래픽한 특징, 즉 조경희 교수님께서도 잠깐 말씀해주셨다시피 서울에 인구가 매우 많이 집중되어있는 측면이 있습니다. 그리고 또 일국 중심적으로 돼 있고 또 아무래도 정보도 일원화되어있고 하나로 이렇게 엮어지는 힘 이것이 국가가 주도적으로 그것을 하고 있고 또 요구하고 있고 하기 때문에 가속도가 붙어서 가능했던 것이죠. 조금 더 인구가 분산이 되어 있다거나 그랬다면 아마 상황이 달라져 있을 수도 있겠습니다. 그래서 이런 복합적인 것이 한국에는 존재했다고 제가 들으면서 상상을 했고요.

하지만 그 국가에 적극적으로 자신의 생명, 정보 이런 것, 행동, 의사 이런 것들 전부 다 위임한다는 것이 물론 시민과의 연대를 통해서 올바르게 작동하는 경우도 있겠지만 아주 정반대로 작동하는 경우도 있지 않을까 합니다. 역사에 대해 만약에 잘못되면, 이런 것을 생각할 수가 없으니까 알 수 없지만 일원화의 힘이라고 할까요. 굉장히 스피디한 힘이 한국의 움직임의 특징이라고 생각합니다. 제가 볼 적에 그것이 좋다, 나쁘다고까지는 말씀드릴 수 없을 것 같습니다. 아마도 이것은 일본에서는 그러나 할 수 없을 것이다. 오키나와에서는 불가능할 것이라고 생각은 하는 것이죠.

그런데 아까도 말씀드린 바와 같이 트래킹, 추적과 관련해서 말씀드리자면 그런 것을 하지 않으면 이동의 자유를 확보할 수가 없습니다. 그래서 오키나와와 같은 관광 입국에서는 어느 정도의··· 이 부분이 산업과의 관계속에서 개인정보를 어떻게 잘 취급하면서 방역 체제를 구축할 것인지 더 오픈된 논의가 일본에서는 필요한 것 같습니다. 이때 한국을 어떻게 참조할 것인지는 잘 모르겠지만 국가 차원에서도 시민과의 연대성이 없으면 방역을 할 수 없잖아요. 그러니까 방역이라는 말 자체를 일본에서는 그다지 많이 사용하지 않습니다. 감염증 대책이라는 것을 훨씬 더 일반적으로 씁니다. 시민과 행정과 민간 어떤 식으로 협력관계를 구축할 것인지 이것을 투명하게 공개적으로 해나가지 않으면, 서로 숨통을 트이게 하지 않으면 정말 민주주의를 담보할 수 없지 않을까 하는 생각이 듭니다. 교수님께서 하신 질문과 다른 대답이 될 수도 있는데 이상이고요.

또 그리고 스토리텔러로서의 감염자, 한국 안에서 스토리텔러로서의 감염자, 차별당하거나 악의 무리로 보기보다는 그 가능성에 대해 말씀해주신 것이 참고가 되었습니다. 그러니까 아직 팬데믹 경험이 공유되지 않은 곳에서 공유할 것은 더 많이 있을 것 같습니다. TV에서 실제로 어떠한 체험을 했는지 이런 것을 공유하고 있기는 한데요. 아무래도 발표자 등장인물의 얼굴도 모자이크 걸고 목소리도 변성합니다. 그런데 미국, 유럽의 TV를 보면 중국 같은 경우도 그렇지만 모두 다 얼굴 그대로 내놓고 실명으로 이야기를 합니다. 이것이 일본에서는 좀처럼 잘 되지 않습니다. 그래서 이런 것을 우리가 넘어서야 될 부분이 아닌가 하는 생각도 들고요. 조금 더 자신의 일부로서 생각하는 그 계기, 스토리텔러로서의 감염자로 나가면 좋을 것 같습니다. 대단히 공부가 되었습니다.

오키나와의 공동체가 좀 특수하다는 그런 표현도 있었는데 남한테 피해를 주면 안 된다는 것이 자기검열이라는 것과는 조금 다른 것 같습니다. 그런 요소도 아예 없지는 않지만 조금 다른 것 같습니다. 내가 이렇게 함으로써 남한테 이런 피해를 끼치면 안 된다든지 그런 발상이 먼저 나오는 거죠. 그리고 이 사람이 이렇게 열심히 노력하고 있으니까 나도 이렇게 해야지 하는 식의, 그러니까 자기검열이라기보다는 수평축, 동료 의식, 공동체 의식 그런 것 같습니다. 그것은 역시 오랜, 그리고 좁은 자연환경 속에서 구축된 감각이기 때문에 이렇다, 저렇다 이렇게 흑백으로 이야기할 수 없고, 그런데 오키나와만의 특수성은 아니지 않을까 하는 생각을 저는 합니다. 사람의 감정 마음에 그런 것은 있는 것 같습니다. 그런데 그런 게 공동체 생리로서 나오는 경우도 있지만요. 제가 제대로 대답을 하고 있는지 모르겠는데요.

○이기웅
조경희 선생님, 이어서 답변해주셨으면 합니다.

○ 조경희

한국어로 말씀드리겠습니다. 강성현 선생님 질문에 대해서 몇 가지의 질문들이, 논점들이 겹쳐져 있다고 생각을 하는데요. 제 나름대로 정리를 해보면 오늘 말씀드린 대로 한국의 강력한 통합의 체제가 있는데 그것을 단지 전체주의로 볼 수 없다는 것은 물론입니다. 공공성에 대한 어떤 신체감각, 공과 사에 대한 생활감각이 일본하고 한국은 다르다는 것을 느낍니다. 그게 70년 동안 분단국가로서 살아왔던 한국의 역사적 경험이라든가 이런 것과 밀접한 연관이 있다고 생각합니다. 그런데 어쨌든 재난 상황에서 내부의 경계에 대한 감각이 굉장히 약해진다는 것이 문제인 것 같습니다. 한국의 방역대책에 대한 신뢰나 긍정적인 평가의 기저에는 모든 시민들을 투명하게 관리하고 있다는 믿음이 있는데, 공동체의 내부는 사실 균질적이지 않는 것이잖아요. 균질하지 않고 그 안에서 누가 불안하고 위험한 사람이고, 어디에 위험이 숨어있을지 모른다는 잠재적 위험에 대한 공포감이 불안의 정동을 자극하는데 그것은 언제나 인종주의나 소수자에 대한 배제나 혐오로 전환되는 계기가 되는 것 같습니다.

이것을 두 가지 정도로 구분을 해보면 하나는 비가시화되는 사람들이고 또 하나는 과잉으로 가시화되는 사람들이에요. 물론 이것은 동전의 양면인데요. 그야말로 제도에서 빠져버리는 사람들, 강력한 안전망이 있으면 있을수록 거기서 빠진 사람에 대해서 전혀 안 보게 되고 강력한 사회적 배제가 이루어지는데요. 이주민들이나 재외동포들, 뭐 미등록자나 노숙자와 같은 사람들이 거기에 포함되겠죠. 그런데 그 사람들이 어떤 순간에는 과잉 과시화가 됩니다. 한마디로 혐오의 대상이 되는 것인데 예를 들면 코로나 초기에 신천지 신자들, 그리고 조선족들, 이태원클럽에서의 성소수자들도 마찬가지였다고 생각합니다. 평소에 보이지 않았다가 어떤 순간에 확 공포와 혐오의 대상이 되어버리는, 그러니까 사회적 배제하고 혐오가 결합되는데, 특히 미등록 이주민 같은 경우는 평소에는 하나도 안 보였다가, 즉 신경을 안 써도 되는 존재였는데 방역의 관점에서 봤을 때 갑자기 무서워지는 거죠. 그야말로 사각지대가 되어버리는, 어디에 숨어있는지 모르는 그런 상황이 되어버리기 때문에 한국 정부가 그 공중보건의 사각지대를 막는다는, 방지한다는 입장에서 미등록자들에 대한 케어를 갑자기 시작한다든가 이런 일들이 발생하는 것 같아요.

물론 지금과 같은 팬데믹 상황에서 그들의 안전을 고려하는 것은 무엇보다 중요합니다. 그나마 한국 정부가 예를 들면 불법체류자라는 말을 쓰지 않고 미등록체류자라고 갑자기 말을 바꾼다거나, 아니면 성소수자들에 대해서도 '특정 커뮤니티'라고 표현한다거나 혐오를 일으키지 않도록 신경을 쓰고 있다는 것이 느껴지는 점이 주목할 만하다고 생각합니다. 다만 이것도 인권적인 관점보다는 어디까지나 방역과 안전이라는 것이 절대목적을 위한 것이니 이에 어긋나는 경우는 언제든지 강력한 처벌의 대상이 되기 때문에 이 양면을 봐야할 것 같아요. 누구를 위한 안전인가? 라고 했을 때 이주민이나 소수자들은 안 보이는 곳에 방치되어 있거나, 보이기 시작한 순간 주류시민을 위해 투명하게 파악되어야할 통치 대상이 되는 것이라 생각합니다.

그러니까 국가의 방역, 시민의 안전, 그리고 소수자 인권 이렇게 세 가지로 측면에서 봤을 때 한국과 같은 경우 국가 방역하고 시민의 안전에 대한 개념과 규범이 굉장히 강하고 소수자 인권 문제에 대해서 약하다고 생각을 했는데 일본은 뭐랄까요..어떤 면에서는 거꾸로 됐다고 봐요. 오늘 말씀에도 있었던 것처럼 한센병이나 감염병 차별의 역사가 있고, 또 아까 오키나와의 복지협의회 이야기가 있었던 것처럼 외국인들도 일반복지의 틀에 포함되어 있죠. 아무래도 재일동포들의 오래된 역사가 있기 때문에 재난지원금 하나를 봤을 때도 외국인들을 배제한다는 것은 하면 안 되는 일인 거죠. 한국에서 외국인들은 여전히 보편적인 복지 대상이 아니라 어디까지나 다문화로 특수하게 범주화가 되어 있고 보편적인 복지체계에서는 선별될 뿐입니다. 이 부분은 과거의 경험이 다르니 쉽게 비교할 수 있는 것은 아니지만요.

제가 생각하는 일본의 문제는 더 근본적인 부분에 있습니다. 오늘 말씀을 통해 감염병을 둘러싼 차별문제나 그로 인한 개인정보 접근에 대한 민감함에 대한 굉장히 역사적이고 제도적인 규범이 있다는 것을 알게 되었는데요. 그 부분을 감안하더라도 단순히 재난시 국가의 역할을 생각하지 않을 수 없습니다. 정치가 비민주적이고 정보가 불투명하다는 것은 IT개혁이 안되거나 담당부처 권한이나 책임체계의 분산 등 일본 관료사회의 고질적인 체질이 크다는 것이죠. 한국처럼 컨트롤타워가 명확하지 않고 후생노동성과 문부과학성, 또 국립감염병연구소 등의 기관이 서로 이해관계나 이권다툼에 얽매이는 구조가 코로나 상황에서 시민의 안전 전반에 영향을 미치고 있습니다.

이 속에서 주목받는 것을 꺼리는 것, 다른 사람한테 피해를 끼치고 싶지 않다는 것, 곤궁을 호소하지 않고 참는 사람들이 많다는 점, 그리고 그것이 오키나와의 공동체성에 대한 하나의 반작용이라는 측면이 있다는 점을 오늘 말씀을 통해 알게 되었습니다. 그런데 과연 오키나와의 특성으로 볼 수 있는지는 조금 의문이 있습니다. 일본전체적으로 재난상황에서 자숙하고 모든 일을 자기 책임으로 해결한다는 것에 대한 강한 규율이 있다고 보고요. 국가와 시민의 관계, 공공성에 대한 개념, 천황제의 존재나 정치제도와도 연결이 되겠지만, 정부나 지자체에 책임을 묻기보다는 모든 것을 개인화하고 자기규율을 통해 나의 자신을 관리하는 방향으로 해결하는 것에 익숙해져 있다는 생각이 듭니다.

물론 이렇게 바깥에서 비판하는 거야 쉬운 일이니 이 상황 속에서 어떻게든 지역사회에서 안전을 확보하고 상호부조적 관계를 효과적으로 만들어나갈지. 오늘 말씀 전반을 통해 그런 실천적인 고민의 흔적이 느껴졌습니다. 오늘 말씀을 통해 더 깊이 공부해보겠습니다. 감사합니다.

○ 이기웅

감사합니다. 지금 애초에 예정된 시간은 이미 다 됐습니다. 그래도 준비한 순서가 있기 때문에 아주 간략하게나마 그것을 진행하고 끝내도록 하겠습니다. 다음 순서는 플로어 질의응답 순서인데요. 먼저 질문이 있으신 분들은 아까 도입부에도 말씀을 드렸지만 자기 이름과 소속을 밝히시고 질문을 해주시면 될 것 같고요. 혹시라도 그런 권한이 주어지지 않으신 분들은 채팅창에 질문을 올려주시면 되겠습니다. 많이는 못하고 2, 3개 정도만 해야 될 것 같은데 일단 우리 국제문화연구학과 박사과정에 있는 최성용씨가 준비한 질문이 있다고 해서 한번 들어보도록 하겠습니다.

○ **최성용**(플로어)

안녕하세요? 저는 최성용이라고 합니다. 개인적으로는 제가 오키나와를 공부하고 있고, 그리고 오키나와의 청년 세대들하고 네트워킹을 가지고 이런저런 것들을 작업들을 해나가려고 하고 있는데요. 여러 가지 질문이나 토론들을 준비를 했었는데 시간이 되는 만큼만 한번 해보겠습니다.

○ 이기웅

하나만 해주세요. 핵심 질문 하나.

○ 최성용

네, 그러면 아무래도 저는 지금 주 논점이 되는 것에 얘기해보고 싶은데요. 강성현 선생님이나 조경희 선생님도 이야기하셨지만 저도 와카바야시 치요 선생님한테서 가장 흥미롭게 읽었던 것은 국가와 공동체의 관계의 문제인 것 같아요. 그러니까 약간 한국의 상황도 소개해드리면서 서로 상호 참조하고 고민을 해 볼 수 있는 것들 이야기를 드려보고 싶습니다.

저는 한국 방역의 핵심은, 우리가 한국에서는 보통 사람을 갈아 넣는다고 그렇게 표현하죠. 그런 사례를 말씀드리고 싶은데, 가령 코로나 시국 초기에 마스크 대란이 일어났을 때 국가가 약국에서 마스크를 판매하기로 했고 마스크의 양이 제한되어 있었죠. 그것 때문에 수많은 사람이 길게 늘어서서 약국 앞에서 기다리면서 마스크를 사고 그러다 마스크가 동나면 그냥 돌아가야 되는 이런 상황들이 있었죠. 그런데 당시 약사분들 이야기를 들어보면 계속 온동네를 돌아다니면서 온 동네 약국의 문을 두드리면서 여기 마스크 없냐고 하면서 계속 몇 시간을 돌아다니다가 주저앉아서 우는 할머니의 모습들이라든지 혹은 왜 마스크 없냐면서 약사에게 화를 내고 폭력까지 휘두른 노인들의 모습들, 이런 것들이 저는 치요 선생님 말씀을 들으면서 떠올랐는데요. 그러니까 국가로부터 갑자기 약사들이 책임을 떠맡게 되면서 완전 최전선의 현장에서 마스크 대란의 혼란과 공포와 분노 이런 것들을 다 감당해야 했던 상황들이 있었던 것이죠. 그래서 당시에 약사들은 그런 이야기를 했었는데, 심리적 스트레스가 굉장히 극심해서 이후에 집단적인 심리상담 이런 것들이 필요하지 않나 이런 고민을 하더라고요.

이런 종류의 사례들이 많았습니다. 간호사들 같은 경우에도 굉장히 과로를 해야 하는 상황이었고 그러면서 국가가 굉장히 무관심하게 간호사들이 겪는 문제들에 대해서 전혀 돌보지 않은 채 임금이 체납되는 경우도 있고 혹은 임금이 굉장히 적게 지급되는 경우도 있고, 그리고 숙식이나 이런 것들이 제대로 해결되지 않은 상태를 거의 1년 가까이 계속 과로를 하다 보니까 간호사들이 중간에 일을 그만두게 되는 이런 경우도 굉장히 많은 상황이고요. 그 과정에서도 병원의 노동자들이 감염에 대한 공포를 느끼게 되기도 하고 또는 환자들의 이른바 한국식 표현은 갑질에 대한 감정노동도 굉장히 많이 해야 되는 상황에 내몰리고 있습니다.

그런데 저도 최근에 알게 된 것인데 재미있는 게 간호사들의 70~80%가 20~30대 여성이라고 하더라고요. 그리고 평균 이직률이 보통 15%인데 1년 미만의 신규 간호사 같은 경우에는 평균 이직률이 40%가 넘는다고 해요. 굉장히 근속연수가 낮지요. 그러니까 다시 말하면 젊은 여성들이 현재 방역의 현장에서 계속해서 정말로 갈아 넣어지는 방식으로 방역이 이루어지고 있고, 국가는 여기에 대해서 어떤 보상을 하거나 책임을 지거나 하기보다는 계속 그들에게 뭔가를 떠넘기는 형태로 그런 양상으로 방역이 이루어지고 있다는 생각이 듭니다. 그러니까 각자도생이라고 할까요. 국가도 이웃도 사실 나를 지켜주지 않는다는 느낌이 사실 한국 사람들의 감각이라고 저는 생각을 하고, 그러면서 국가가 사회적 거리두기를 하라면서 시민 개개인에게 자발적인 노력을 강제하지만 동시에 국가는 뭔가 근본적인 책임을 지는 데서는 빠져버린 채 시민들로 하여금 "알아서 해라"라고 이야기하게 되는 상황인 것 같아요.

그러면서 국가와 개인 사이에 어떤 중간에 있어야 되는 공동체나 사회라고 하는 게 빠져버리고 있다는 느낌이 저는 굉장히 많이 들고, 오히려 예를 들면 한국에서는 재난 문자를 개개인들이 스마트폰으로 받게 되기도 하고 이런 식으로 국가와 개인이 계속 독자적으로 단독으로 대면하게 되는 상황이 벌어지고 있는 것 같아요. 그래서 '치요 선생님께서 말씀하신 공동체 혹은 사회적인 것 이런 것들이 한국에는 굉장히 없구나' 이런 생각을 하면서 저는 말씀을 들었던 것 같습니다.

그래서 크게 하나 질문한다면, 코로나를 통해서 공동체, 그리고 사회적인 것이 과연 존재하는지, 얼마나 강고하게 존재하는지를 보여줄 수 있는 핵심 질문이, 과연 사회적 애도가 있는가, 사회가 애도를 하고 있는가 하는 질문이 아닌가 싶어요. 무슨 이야기냐

하면 공동체가 함께 겪는 재난으로서 그 재난 속에서 어쨌든 사망자도 생겨나고 감염자도 생겨나는데 그런 희생자들에 대해서 이 사회가 과연 애도하고 있는가 하는 질문을 하고 싶고, 한국 사회에서는 애도보다는 확진자에 대한 남 탓을 하거나 확진자를 비난하거나 혹은 방역을 한국이 잘하고 있다고 하는 일종의 방역 내셔널리즘이 굉장히 횡행하는 상황이었던 것 같습니다. 그런데 치요 선생님 말씀 들어보면 오키나와에서는 애도의 분위기가 있을까 하는 고민이 들었던 것 같고요. 이 정도로 이야기하면 될 것 같습니다.

○ 이기웅

네, 고맙습니다. 혹시 한 분만 더 질문을 받고 2개를 묶어서 여쭤보면 좋을 것 같습니다. 안 계신가요?

○ 김미란(플로어)

해도 되나요? 제가 치요 선생님 발표를 듣고 나니, 일본 정부는 아무것도 안 하고 있는데 상대적으로 사회에서는 어느 정도 조절이 되고 있고 또 최근에 줄어들고 있다는 점에 대해서 평소에 의아하게 생각했었는데, 궁금함이 좀 풀렸어요. 그러니까 지방자치단체에서 각자 탄탄하게 일상적으로 관리하고 그게 된다는 점에 대해서 깊이 이해하게 되었습니다. 그리고 어제 일본에 있는 지인과 통화를 했는데요. 지인은 일본 사람들은 마스크를 쓰라고 하면 그 이전부터도 상당히 써왔고 마스크착용 자체에 대해 큰 거부감이나 그런 거부 단계가 별로 없어서 잘 쓴다고 이야기를 하더라고요. 제가 최근 한국에서는 술집이나 교회 같은 곳에서 코로나가 폭발적으로 발생했을 때 집단적인 비난의 대상이 되었었는데 일본에서는 그런 사례가 없느냐고 물으니 없었다고 했어요. 듣고 나서 물론 일본은 지금의 한국처럼 교회가 뜨거운 분위기가 아니어서 반발감이 적달까, 그럴 수도 있겠단 생각이 들었지요. 그래서 다시 식당 9시 영업 이런 것을 규제를 했을 때 반발이 없느냐고 물었더니 도쿄에서는 식당이 8시에 문을 닫는다고 해요. 그런데 그것이 권장 사항이라고 하면서, 그 권장을 지켰을 때는 보상금을 준다고 하더라고요. 그럼 그것을 몇 퍼센트나 지키느냐고 물었더니 95%가 다 지킨다고 해요. 자발적으로 지키는 것이 상당히 우리가 생각하는 것보다 층이 두텁고 갖추어져 있구나라는 생각이 들었어요.

작년에 일본에 유학 가 있는 조카가 재난지원금으로 100만 원을 받았어요. 그래서 그 말을 딱 듣는 순간, 한국에 있는 모든 사람들이 이 말을 들으면 몹시 불편해할지 모르겠지만 그 자리에 있던 한 분이 '저게 제국의 경험이구나'라는 이야기를 했었어요. 그 말을 듣고 저는 일본이 오랫동안 타집단을 끌어안고 통치대상으로 만들어 살아가려고 할 때 형식적인 수준에 불과할지라도 배제를 해서는 안 된다는, 뭔가, 생득적인 인식이 한국 사회보다는 더 있나라는, 굉장히 표현이 껄끄럽긴 한데, 그런 느낌이 왔었어요. 이런저런 경로를 통해 일본이 재난에 대해서 대응하는 방식이 한국하고는 많이 다르구나 라는 생각을 최근 갖게 되었지요. 특히 마스크 같은 경우는 아까 말씀하신 남에서 피해를 끼치면 안 된다라고 하면서 자제하는 것, 그것과 연관이 있겠구나라는 생각이 들었습니다.

그런데 제가 궁금한 것은, 만약 그렇다고 한다면, 아까 세월호 이야기도 나왔지만 국가가 해결하지 않고 방치하는 문제를, 저는 후쿠시마의 원전에서 그 오염수를 바다에 방류하는 것이 특히 그런 문제라고 생각하는데, 일본사회에서 어떻게 이야기되고 있는가라는 점입니다. 세계 원전을 관리하는 기구에서도 일본이 바다에 방류해도 된다고 인정을 했어요. 일본이 그렇게 해도 된다고. 그런데 그것은 주위 사람한테 치명적인 피해를 주는 것이고 국가가 할 일을 방기하는 것이거든요. 일본정부가 할 수 없다고 포기하는 것에 대해서 일본사회의 일반인들은 어떻게 생각을 하는지, 말씀하신 것처럼 타인에게 피해를 주지 말아야 된다는 심성이 일상속에 있다고 한다면 발표자께서는 이 현상을 어떻게 정리고 계시는지 궁금합니다. 제 질문은 이것입니다.

○**이기웅**

네, 고맙습니다. 시간 관계상 죄송하지만 더 이상의 질문은 못 받을 것 같고요.

○**이임하**(플로어)

선생님, 하나만 질문할게요. 안녕하세요? 선생님, 이렇게 만나 뵙게 돼서 너무너무 반갑고요. 저는 선생님의 발표를 이렇게 쭉 들으면서 어떤 게 생각이 났느냐 하면 한국과 일본이 가장 큰 게 무엇일까. 바로 보건소인 것 같거든요. 그런데 이 보건소 체제가 이미 선생님이 놓치신 게 있는데 사실 FEC[1]가 다 만든 체계잖아요, 실제로. 왜 그러냐 하면 극동사령부에서, 그러니까 연합군 사령부 있었을 때 극동사령부에서 민주주의의 가시적인 공간으로서 보건소 체제를 마련했고 실제로 그게 일본에서 45년, 46년, 47년에 성공적으로 발판을 만들었어요

그런데 아까 오키나와 말씀하셨을 때 오키나와하고 도쿄, 그러니까 일본 현지하고는 약간의 차이가 있다, 바로 의사 시험을 본 사람들이 거의 없었다, 줄었다고 이야기하는데 한국도 역시 마찬가지거든요. 그러니까 한지 의사(정해진 지역에서 의료행위를 할 수 있음), 의사, 한의사 등으로 나눠서 보건소 체계를 운영을 했는데 그

---

1 극동사령부(Far East Command)는 1947년부터 1957년까지 대한민국, 일본, 오키나와, 필리핀 등에 주둔한 미군을 관리 통제한 미국 국방부 조직.

런데 한국 같은 경우는 미군정 시기에 보건소 체계를 이루려다 의사 자체가 워낙 없어서 잘 안 됐고, 그리고 한국전쟁 이후에 그것을 크게 넓게 만들거든요. 그런데 전쟁 동안 구상된 보건소 체제가 쉽게 정착되진 않는데요. 그래서 저는 이 한·일 간의 어떤 방역 체제, 방역지침이 약간 차이가 나는 게 여기에서 차이가 나지 않을까 이런 생각이 들었고요.

그런데 왜 아까 오키나와 말씀하실 때 보건소 체제 미군기지 이야기할 때 되게 비판적으로 말씀하셨는지 그게 좀, 그러니까 일본 현지하고 오키나와하고 보건소 체계가 다른 것인지 그게 궁금해서 질문을 하는 것입니다.

○ **와카바야시**

대단히 중요한 질문만 다들 해주셔서 감사합니다. 모두 제가 바로 이 자리에서 대답할 수 있을지 모르겠지만 맨 마지막에 보건소 체제에 대한 질문인데요. 현재는 일본 본토의 보건소와 마찬가지입니다. 미국 점령기에 미국의 정책 하에 보건소가 생겨서 그것은 성병 관리를 주로 처음에 관리를 제대로 해라, 1950년에 그렇게 명령이 떨어졌죠.

역시 비판적으로 보고 있는지 하는 질문과 관련이 있는 것 같은데 보건소가 있다는 것은 사실 대단히 중요한 것입니다. 중요한데 그게 결국 서로 공격의, 논쟁의 자리가 됐습니다. 미국은 미군의 요구가 있죠. 군사적인 요청도 있고 주민 관리 요청도 있고, 그것도 상부에서 오는 것이죠. 그리고 주민들이 요구하는 보건의료, 그리고 질환 대책 그런 것들이 서로 2개가 있어서 보건소의 현장이라는 것은 점령체제와 주민들이 필요로 하는 의료 사이에 서로 논쟁이 발생하고, 각축장이 형성되었다고 볼 수 있습니다.

의사들은 약품 같은 것은 미군의 자원을 쓸 수밖에 없습니다. 그리고 기술연수도 육군이나 해군병원에서 혹은 미국에 가서 연수를 받거나 일본 본토에 가서 연수를 받거나 하는데 서로가 각축하는 사이에서 주민 입장에서 가장 베스트가 무엇인지. 지금도 그렇습니다. 결국 현장으로서의 보건소는 국가가 요구하는 것과 주민이 요구하는 것의 각축장이라 볼 수 있고 무엇이 최선의 선택이냐는 항상 고민하면서 진행할 수밖에 없습니다.

그래서 미군의 보건소 제도자체를 비판적으로 이야기한다기보다는 거기에서 실제로 어떤 일이 일어났는지가 흥미롭다고 할까요. 주민과 미군, 행정부의 구체적인 대립과 각축의 장이었다. 그리고 또 서로 의사들, 의개보, 위생간호사의 각각의 생각이 다르다는 것도 중요했던 것 같습니다.

그래서 글에서도 제가 적었는데(5장) 풍진 문제는 지역을 순회하고 있는 위생간호사들이 발견했습니다. 혹은 보건소의 의사들이 그렇게 발견한 것이죠. 그 실태를 조사하는 것은 본토 반환 전이기 때문에 미군에도 또 신경을 썼고 미국 정부와 미국의 관계 이런 가운데에서 의사들이 엄마들한테 구체적으로 접근해서 풍진 피해를 찾아냈습니다. 점령체제와 주민들 사이에서 보건소가 하나의 매개적인 장이 되어서 보건 의사들, 위생간호사들, 의사들이 각각 움직였던 결과 풍진 피해를 가시화시킬 수 있었다. 그 하나의 사례입니다. 일방적으로 그 제도를 비판했다고 느껴졌다면 그런 것은 아니었다고 말씀드리고 싶습니다.

그리고 마스크와 관련된 부분인데요. 일본의 상황과 참 비슷했다고 생각한 것은 말씀을 들으면서 제가 느꼈는데요. 국가가 제대로 하지 않기 때문에 최전방에 있는 약사들, 또 간호사들 일선에 있는 이런 분들 의료 종사자들이 바로 전면에 나서서, 특히 젊은 여성이고 이런 방역을 하면서 피폐해지고 피로해지는 사람들이 등장하는 것이 일본도 많이 지적이 되었고요. 지금도 여전히 해결이 안 되고 있는 문제입니다. 지금 국회에서도 그런 논의가 진행되고 있습니다. 거기에 뜨겁게 보조 지원을 하면서 변화했으면 좋겠습니다.

국가가 각각의 중간공동체라는 이야기도 나왔고 또 자기책임, 국가가 책임을 지지 않고 있다는 지적에 대해서는 일본에서도 정말 비판이 많습니다. 왜냐하면 국민에게는 방역 감염증 대책을 말하면서, 8시면 음식점을 닫아야 한다는 이야기까지 나올 정도로 요구를 하면서 정치인들은 파티도 하고 늦은 시간에 회식도 하는 일들이 발각이 되고 있어요. 스가 총리도 실제로 그런 적이 있어지지율이 지금 뚝 떨어지기도 했었는데 그런 정치인들을 젊은 사람들이 보면 우리가 왜 지켜야 하냐고 생각하겠죠. "코로나는 그냥 독감인데"라는 반응과 연장선상에 있는 이야기인데 일본정부나 정치인들에 따르지 않으려는 분위기가 있었습니다. 이 상황에서 후생노동성과 열심히 협조하는 감염증 전문가와 의사들이 TV에 나와서 정치인 비난을 하기도 했어요. 예전의 일본 같으면 그런 비판조차 잘하지 않았던 것으로 생각을 하거든요. 그런데 지금은 의사들이 공중파에 나와서 아주 직접적으로 말하기도 하고 국민 전체도 정치인들을 비판을 하죠. 이상한 일도 벌어지고 있지만 비판도 할 수 있게 되었다는 것도 중요한 일이라고 생각합니다.

자기책임론이라는 맥락에서 조금 더 말씀드리자면 마스크가 오키나와에도 없으니까 약국에 가서 좀 내놔라고 하는 사람들이 있었습니다. 천 마스크는 부직포 마스크에 비해서 충분한 감염증 예방은 안 되죠. 다른 사람에게 옮기는 것을 막을 수는 있지만 자기가 들이마시는 것은 효과가 적다고 합니다. 그런데 오키나와에서는 마스크가 비싸서 못 사는 거에요. 있어도 못사는 사람도 꽤 많습니다. 그래서 마스크를 스스로 만들어서 나누어 주는 사람들이 많았어요. 특히 나이 드신 여성들이 고장 난 오래된 재봉틀을 고친다고 수리점이 한동안 번창했다고 합니다(웃음). 이렇게 만들어서 배포해주는 분들이 꽤 있습니다.

감염증 대책이라는 측면에서 보자면 굉장히 불충분한 이야기죠. K-방역에 비하면 너무나 소박하지만, 마스크를 서로 주고받고, 누구 쓰라고 놓아두고 가기도 하고요 그런 것 자체에 마음의 위안을 얻거나 혼자가 아니라고 느끼는 고령자분들도 많습니다. 아주 작은 일이지만 서로 간을 지탱해준다는 것을 오키나와에서 느끼면서 살고 있습니다. 물론 국가가 져야 될 책임은 매우 큽니다. 또 어떤 통로를 통해 시민들의 그런 작은 이야기들을 큰 장으로 가져갈 수 있을지 고민해야 합니다. 현장에 있는 전문가와 행정기관, 시민들이 아래로부터 작은 조합으로나마 관계를 만들어 갈 수밖에 없지 않을까라고 생각합니다. 이것은 국가를 비난하지 않는다는 의미에서는 부족하다고 느끼실 수도 있겠지만 제가 느끼는 일본의 상황은 그렇습니다.

한국을 봤을 때 신속하고 방역 체제가 아주 빨리 구축되었고, 제대로 작동하고 있어 참 대단하다는 생각을 했습니다. 그런데 실제로 사회를 들여다보면 과거의 쌓여있는 문제의 부스러기들이 있고, 팬데믹 상황 속에서 그것이 형태를 바꿔서 나타나겠죠. 그러니까 타자, 다른 사회를 내재적으로 이해한다고 할까요. 그런 사고를 통한 냉정한 대화가 필요하지 않을까 싶습니다. 그런 사고의 훈련이 결국은 자신들에 대한 이해를 도와줄 것이라 생각합니다. 감염증 원칙에 대해 말씀 드렸지만 최대한 각 지역의 원칙에 입각해서 동태적으로 현실적으로 리얼하게 대응할 수 있는 그런 유연성, 현실성과 원칙을 같이 생각해야 됩니다. 이런 것을 같이 비교하면서 사고나 판단이 단련될 수 있을 것입니다. 답이 됐는지는 모르겠습니다. 제가 한국에 대해 잘 이해하고 있지 않지만, 그런 기회를 앞으로도 만들어갔으면 좋겠습니다.

4

/ 후기 /

팬데믹의 딜레마

조경희

제1부의 내용은 2021년 2월 9일에 진행한 웨비나 녹취록을 바탕으로 하고 있다. 미군 점령과 오키나와 사회를 연구해온 와카바야시 교수가 바라본 코로나 시대 오키나와 지역의 모습은 어떠한가? 미군기지와 주민들이 상호 접촉하는 유동성이 높은 공간에서 팬데믹의 정동affect은 어떻게 작동하는가? 동아시아연구소가 던진 이와 같은 추상적인 질문에도 와카바야시 교수는 진지하게 고민하고 기조발표를 준비해주었다. 또 와카바야시 교수와 나는 사전에 약 3시간에 걸쳐 느긋하게 서로의 관심사에 대한 이야기를 주고받았다. 코로나와 오키나와, 포스트 냉전과 팬데믹이라는 낯선 주제에 대해 '코드'를 맞춰가면서 웨비나 당일의 흐름을 미리 만들어 보려고 했다. 그런데 너무 많은 질문을 만든 탓인지, 혹은 리허설에서 이미 많은 이야기를 해버린 탓인지 실제 웨비나에서는 준비했던 내용을 충분히 풀어내지 못했다. 아쉬움을 못 이겨 와카

바야시 교수께 다시 대화를 요청했고, 우리는 관중 없는 편안함 속에서 못했던 주제에 대한 충분한 이야기를 주고받았다. 이 책에는 보완작업까지를 포함한 대화내용을 되도록 담고자 했다.

'후기'에서 나는 책을 만드는 과정에서 겪은 시행착오의 의미를 좀 더 섬세하게 들여다보려고 한다. '포스트지구화와 아시아의 정동 정치'라는 아젠다를 내세운 동아시아연구소는 아시아에서 전개되는 코로나 팬데믹 상황을 이해하는데 있어 일본 본토가 아닌 오키나와의 사례에 주목하였다. 팬데믹의 위기가 사회적으로 주변부나 아래로 집중된다고 할 때 중앙정부의 움직임에서 지리적으로도 심리적으로도 가장 멀리에 위치한 오키나와의 이야기를 듣는 것이 팬데믹 경험에 대한 우리의 상상력을 한층 넓혀줄 것이라 생각했다. 오키나와 거주 전문가인 와카바야시에 대해 한국 거주 비전문가인 나는 대담보다는 인터뷰에 가까운 방식으로 질문과 답변을 진행해갔다. 다만 모든 기획이 그렇듯 어떤 지역이나 사람을 자신들의 관점에 맞게 대상화하는 것에 대해 우리는 늘 민감해야 한다. 더구나 포스트지구화와 팬데믹이라는 지금 막 시작된 상황에 대해 우리는 충분한 사유의 시간을 갖지 못했다. 지속적인 통찰을 필요로 하는 질문들을 일방적으로 던진 것이 아닌지, 우리의 관심을 위해 상대방을 동원하는 것이 아닌지 고민하기도 했다.

그런데 이것은 단지 시간과 준비성의 문제만은 아니었던 것으로 보인다. 한국에서 내가, 그리고 오키나와에서 와카바야시가 경험하는 팬데믹 사이에는 적지 않은 간극이 있었다. 우리는 같은 일본어로 대화를 진행했지만 어느 순간 미세한 엇갈림이 이어졌고 그 균열은 번역을 통해 더욱 불안정하게 전달되었다(여기에는 이주자로서의 우리의 위치에서 오는 맥락의 복잡함도 작용했다).

　이 점이 가장 드러난 부분은 국가와 정부에 대한 인식과 감각에 있었다고 생각한다. 'K-방역'의 성공을 찬양하는 한국사회의 과잉된 자의식과 거리를 둔다고 해도 이미 개개인의 일상이 예전보다 더 국가의 관리 하에 놓여있다는 사실은 바뀌지 않는다. 출입국 통제, 자가격리, 사회적 거리두기, 외출제한, 집합금지 등에 서서히 적응하는 과정에서 우리는 국가가 주어가 된 문장으로 많은 대화를 하게 되었다. 스마트폰으로 개인정보를 제공하는 행위를 통해 우리는 생정치bio-politics의 원활한 작동에 매일 같이 참여하고 있다. 생명과 안전의 조건이 국경에 의해 좌우되는 현실 속에서, 푸코적인 감시와 통치성에 대한 비판의 유효성은 크게 흔들렸다. 이 사태가 근본적으로 풍요의 역습이라고 한다면 향후 보건위기와 생태위기는 상호 결합되면서 더 만성적인 재난의 일상을 가져올지도 모르는 것이며, 이에 따른 사회적 불평등의 증대는 더 많은 복지를 필요로 할 것이다. 국가와 정부의 개입이 불가피해진 팬데믹 상황에서 우리는 인터아시아interasia적이고 트랜스로컬translocal한 논의를 지속해야 한다. 팬데믹을 둘러싼 대화는 처음부터 이 근본적인 딜레마 속에 있었다.

이와 같은 문제의식으로 오키나와 사회에 접근하기 위해서는 state로서의 일본 국가에 대한 이해 또한 필수적이었다. 오키나와가 겪어온 역사적 과정 — 류큐처분, 오키나와 전쟁, 미군점령, 일본 복귀, 기지반대운동 — 과 지역사회의 독자적인 조건은 일본 본토와의 구조적 불평등 관계를 통해서만 제대로 인식할 수 있다. 한국의 청중 및 독자들을 위해서도 일본 '국가'에 대한 기본적인 사실관계와 함께 오키나와 '지역'의 구체적인 현실을 들여다볼 수 있는 복합렌즈가 필요했다. 더구나 한국에서 바라본 일본의 코로나 대응이 문제적이었던 만큼 이에 대한 비판적인 설명을 들어야만 오키나와 사회를 이해할 수 있을 것 같았다.

다만 이에 대한 답을 와카바야시 교수에게 끌어내보려 한 것은 대단히 한국중심적인 접근이었음을 인정해야 한다. 오키나와 현대사와 미군점령 연구를 진행해온 그에게 일본 본토와 오키나와의 구조적 관계에 대한 진단은 늘 손쉬운 정부비판에만 수렴되지 않는 복잡다난한 사고를 전제로 했을 것이다. 이 고민을 뛰어넘고 한-일 간 혹은 오키나와-본토 간의 기존의 인식틀을 팬데믹이라는 새로운 현실에 적용시키는 안일한 방식을 와카바야시는 (아마도) 의식적으로 피해갔다. 우리가 던진 질문에 대해 그가 준비한 답은 단순하거나 명쾌하지는 않았다. 그 대신 팬데믹 이후 드러난 현실을 역사적, 제도적으로 사유하기 위한 지식과 인문학적 물음을 신중하게 담았다.

결코 쉽지 않았던 대화를 정리하는 과정에서 나는 팬데믹 시대 오키나와 사회의 리얼리티를 비로소 느끼게 되었다. 대담에서 언급된 것처럼 오키나와 사회는 경제적 취약성에 더해 미군의 군사훈련에 의한 소음, 추락사고, 성폭력, 범죄사건, 토양 및 공기오염 등에 노출되고 있다. 이 속에서 특히 여성과 청년, 아이와 노인들은 팬데믹으로 인해 더욱 가혹한 현실로 내몰리고 있다. 보건, 환경, 평화, 경제, 돌봄에 이르는 총체적 위기상황은 팬데믹 시대 보편적인 현상이지만 오키나와의 위기는 너무나 집약적이다. 하지만 과연 이것이 코로나 바이러스의 영향 때문인가? 문제는 포스트 냉전의 사회구조 그 자체가 아닌가? 오키나와에서 근본적인 재난이란 코로나가 아니라 주민들의 평온한 일상을 훼손해온 미군기지의 존재가 아닌가? 대화를 하는 동안 이런 질문들이 머리 속에 맴돌았다.

애초에 오키나와 현에 감염자 정보조차 제공하지 않았던 미군은 격리시설을 기지 바깥에 설치함으로써 오키나와 주민의 안전을 또다시 위협하고 무시하는 행위를 서슴지 않았다. 팬데믹 상황에서도 일본 방위성은 헤노코辺野古 지역의 신기지 공사를 멈추지 않았고, 그로 인해 주민들의 기지반대운동은 지속과 정지 사이에서 큰 난관에 부딪히게 되었다. 미군기지 내 집단감염과 아베 정부의 'Go To 트러블' 캠페인으로 2020년 여름 오키나와의 감염자는 급속히 확대되었다. 기지와 본토라는 외부 유입에 노출된 오키나와는 과거에도 현재도 감염병에 취약한 유동적 공간인 것이다. "신 기지공사의 비용을 코로나 대책에 사용하라!"[1]는 오키나와 시민의 절실한 목소리를 통해 우리는 이 현실을 그저 상상할 수밖에 없다.

아베정권에서 관방장관이었던 스가 요시히데菅義偉는 새로운 내각을 구성하는데 아베정권 말기에 방위대신이었던 고노 타로河野太郎를 오키나와 담당대신으로 기용했다. 냉정한 우파이자 과감한 경비 삭감을 감행하는 신자유주의자인 고노의 기용은 미군기지 이전문제와 관련해 기존노선을 강화하겠다는 입장과 오키나와를 '성역'으로 만들지 않겠다는 의지의 표명이었다. 오키나와에 대한 일본정부의 태도는 늘 이중구속적인 모습을 띠고 있다. 오키나와의 특수한 조건을 감안해 특별 정책의 대상으로 삼으면서 채찍과 당근으로 통제한다. 오키나와현과 주민들의 자기결정권은 인정하지 않으면서, 오키나와 사회의 자기책임론을 주장한다. '차별적 포섭'으로 특징지을 수 있는 통치성 속에서 오키나와 주민들의 더 나은 삶을 위한 길은 여전히 멀다.

일본정부는 코로나 대책의 기본이념을 자조自助・공조共助・공조公助라는 말로 표현하였다. 스가가 밝힌 "할 수 있는 일은 내가 먼저

1 　浦島悦子,「辺野古・抵抗運動の現在―新型コロナウィルス・パンデミックのもとで」,『越境広場』8, 2020.12.

해본다. 그리고 가족과 지역이 서로 돕는다. 그 다음 정부가 안전 망을 통해 지킨다"는 방향성은 코로나 시국에 처음 등장한 것이 아니라 1990년대 이후 2번의 대지진과 원전사고를 겪은 일본에 서 어느 순간 상식이 되어버린 복지의 기본이념이다. 그런데 팬데 믹에서 핵심적인 의료와 보건 영역에서도 일본은 이 방침을 고수 했다. "나의 목숨은 내가 지킨다", "나의 주변사람들을 지킨다"는 문구가 지자체의 교육 자료 등에서 볼 수 있는 것처럼, 일본은 지 역 주민들의 자조^{自助}와 공조^{共助} 에 의존해 팬데믹의 난관을 헤쳐나 갔다. 이것은 세계적 수준에서 볼 때 권력의 무능이라 봐야 하지 않는가? 권력의 과잉 작동을 우려하기 이전에 일본은 팬데믹하에 서 국가의 위기를 경험하고 있는 것이 아닌가? 라는 의문을 지금 도 지울 수 없다. 슬라보예 지젝^{Slavoj zizek}의 다음과 같은 말을 여기 서 조심스럽게 들어볼 필요가 있다

우리는 [국가권력을 향한] 이러한 믿음의 해체를 민중이 국가기 구들 바깥에서 지역 차원으로 자기조직화할 수 있는 기회가 열린 것으로 환영하려는 유혹에 빠지지 말아야 한다. '임무를 다하고' 믿 을 수 있는 효율적 국가가 오늘날 적어도 어느 정도는 그 어느 때보 다 절실하다. 지역 공동체의 자기조직화는 오직 국가기구와 과학의 조합을 통해서만 작동할 수 있다. 우리는 이제 현대과학이 그 모든 드러나지 않은 편향에도 불구하고 문화를 관통하는 보편성의 지배

적 형식임을 받아들일 수밖에 없게 되었다. 감염병은 과학이 이러한 역할을 자임할 수 있는 반가운 기회를 제공한다.[2]

지젝의 지적은 팬데믹 시대 권력의 무능이 가져올 수 있는 국가와 지역사회의 관계에 대한 일반적인 진단이라 하겠다. 그러나 이와 같은 경종은 오키나와의 현실에서 볼 때 가혹하게 들리기도 한다. 대담을 통해 알 수 있었던 오키나와 지역의 자기조직화는 지젝이 말하는 '기회'가 아니라 유일한 생존의 길이자 공동체가 역사적으로 유지해온 안전망이다. 어쩌면 끝나지 않는 포스트 냉전의 현실을 살아가는 오키나와에서 국가는 늘 위기였다. 다시 말해 본토와의 압도적인 격차와 함께 미군기지와 공존해온 오키나와에서는 다른 동아시아 지역과 달리 국가state에 대한 신뢰의 기반이 처음부터 구축되기 어려웠을 것이다. 이 오키나와의 포스트 냉전적 조건은 한반도의 현실과도 밀접히 연결되고 있다. 이와 같은 동아시아의 식민, 냉전적 유산의 연결고리와 편차는 정부 중심의 관점에서는 절대 보이지 않았던 부분이다.

그런데 오키나와의 팬데믹 경험을 듣는 작업이 'K-방역'의 성과를 재확인하고 한일 간의 상황을 대조시키는 안일한 비교문화론으로 이어지면 곤란하다. 그 대신 우리는 강력한 국가주권과 생

---

2 슬라보예 지젝, 강우성 역, 『팬데믹 패닉 – 코로나19는 세계를 어떻게 뒤흔들었는가』, 북하우스, 2020, 148쪽.

권력이 중첩되는 방역대책에 순응적이었던 한국사회의 경험과 그 정동을 더 들여다봐야 할 것이다. 한국의 성공이 유럽의 일부 매체에서 말한 유교문화와 권위주의에 있는 것이 아닌 "민주적 시민성"에 있다는 조사결과[3]는 어쩌면 현 정권과 보건당국에 대한 시민들의 신뢰가 만들어낸 정치적 우연의 산물일 수 있다. 또한 세월호의 아픔을 경험한 한국사회의 안전과 책임에 대한 신체적 반응의 표출일 수도 있다. 이 결과에 만족하기에는 포스트 코로나 시대 긴급한 아젠다가 이미 넘쳐난다. 실업과 구조적 불평등, 사회적 배제와 혐오, 인간중심주의에서 생태계중심주의로의 전환 등에 대해 로컬과 글로벌을 넘나는 인류 공통의 지혜가 절실하다.

팬데믹은 만성적인 불안의 정동을 삶의 일부에 장착시켰고 사회적 거리두기를 통해 사람들의 아비투스habitus를 근본적으로 변화시켰다. 우리는 모두가 다시는 그전으로 돌아갈 수 없다는 것을 알고 있고, 모두가 나와 같은 불안을 안고 있다는 사실을 함께 느끼고 있다. 이 전환을 디스토피아적 전망이 아닌 공통적인 것the common의 지평을 열고 삶의 조건을 재조직화할 계기로 어떻게 만들 수 있을 것인가. 동질성을 전제로 한 연대가 아닌, 불안정한 주체들이 우발적으로 연결될 때 공통적인 것the common이 생성된다고 전망한 샌드로 메자드라Sandro Mezzadra에 따른다면[4] 쉽지 않았던 우

---

3 "코로나19가 드러낸 '한국인의 세계'－의외의 응답 편", 『시사인』, 2020.6. https://www.sisain.co.kr/news/articleView.html?idxno=42132

리의 대화는 공통적인 것을 사유하기 위해 겪어야할 불가피한 과정이었다. 이동과 접촉의 기회가 줄고 생활권이 축소된 한편에서 우리는 접촉 없는 접속의 기회를 확대하거나 화상대화에서 감흥을 느끼는 법을 조금씩 터득하고 있다(그 후 와카바야시와 나는 또 다른 온라인 국제회의에서 다른 연구자들과 함께 패널을 구성하기도 했다.[5] 아시아의 팬데믹 경험을 듣는 작업은 사회적 연대가 원래 쉽지 않고, 잘 드러나지도 않는 지속적 실천의 결과라는 점을 다시 우리에게 알려주고 있다.

---

4 샌드로 메자드라, 브렛 닐슨, 『방법으로서의 경계』, 갈무리, 2021, 9장.
5 "Lives Left in Limbo : Body, Territoriality, and Colonial / Cold War Legacy in Pandemic Okinawa, New Zealand, and South Korea", Inter-Asia Cultural Studies Society International Conference 2021.

제2부

5

점령과 감염증

오키나와 현대사 속 두 가지 질병

와카바야시 치요

(한국어 번역 : 김현지)

신종 코로나바이러스 감염증은 인류가 처음으로 마주하게 된 새로운 감염증 중 하나이지만, 최근 몇 개월 동안 이 감염증을 '전쟁'이나 '재해'와 같은 사태에 비유하는 담론이 많아지고 있으며 세계적인 감염확산이 사람들의 생활뿐만 아니라 심리에 미치는 영향에 대해서도 생각하게 만들고 있다. 또한 일본에서의 코로나 검사를 둘러싼 담론 중에는 감염에 대한 '적대성'을 과도하게 강조하는 것들도 있었다. 와이드 쇼의 떠들썩함에 끌려가는 듯한 분위기 속에서 무증상자들을 '닌자'나 '독불장군'이라고 부르거나 이처럼 '감염되었지만 검사 망에 걸리지 않은 채로 여기저기 돌아다니는 사람들'에 대해 코로나 검사를 철저히 하여 '감염자를 샅샅이 찾아내서 밝혀낸다'고 표현하는 장면을 마주하기도 했다. 이러한 현실은 의사나 간호사 등 의료 종사자들이 '환자들이 끊임없이 실려오는' 모습을 '마치 전쟁과도 같다'고 표현하는 것과는 완전히 다르다. 감염자에 대해 '일상 속에 숨어있는 적을 밝힌다'고 표현하는 것은 일종의 기시감을 동반할 정도의 냉혹한 것이며 얼어붙은 '냉전'의 문화와 이데올로기에 치우쳐진 섬멸 주의를 떠올리게 한다.

실제로 오키나와에서는 미디어에서나 일상생활에서나 신종 코로나바이러스 감염증을 '전쟁'과 결부시키는 경우는 거의 없다. 그 이유에는 여러 가지가 있겠지만 '전쟁'이라는 단어에 대한 감성 측면에서 보면 오키나와에서의 '전쟁'이란 오키나와 전쟁을 의미하는 것으로, 추상적인 표현으로 쓰인다는 것은 있을 수 없는 일이기 때문이다. 신종 코로나바이러스 감염증은 전 세계를 위협하고 있는 성가신 질병이지만 유혈의 전장을 상상하는 것과 같은 감성으로 팬데믹을 받아들이기는 어렵다고 생각한다.

오히려 오키나와에서의 신종 코로나바이러스 감염증에 관한 담론은 '전쟁'이 아닌 '이입移入'이나 '외래外來'와 같은 이동성 혹은 월경성越境性에 더욱 초점이 맞춰지는 경우가 많았다. 감염증의 이동성이나 월경성의 문제는 전 세계 어디에나 해당하는 문제이지만 도서 지역 사회에서는 그 문제가 더욱 절실해진다. 남태평양지역의 많은 나라들이 누구보다도 빠르게 사람들의 이동에 엄격한 제한을 둔 것은 질병에 대한 민감도나 의료체제의 문제 등 외부 감염증에 대한 도서島嶼 사회의 취약성에 대응하기 위함이었는데,

오키나와의 경우에도 규모나 조건은 다르지만 특히 외딴 섬에서는 이와 유사한 문제들이 발생하고 있다. 구정(춘절)에 중국 후베이성 우한이 봉쇄되고 나아가 대형 크루즈인 다이아몬드 프린세스호의 나하 기항에 의해 오키나와현 내에 감염자가 발생하자, '외부 유입'을 막아냄과 동시에 도서 지역의 한정된 의료 자원을 효율적으로 사용하기 위한 인적 이동에 대한 엄격한 제한조치의 필요성이 점차 부각되게 되었다.

다만 이러한 오키나와의 '이입移入'과 '외래外来'에 관한 문제는 관광객이나 귀성객, 출장자의 이동에 한정된 이야기가 아니다.

2월 초, 다이아몬드 프린세스호의 문제가 공론화되기 시작했을 무렵 지역신문에 신종 코로나바이러스 감염증을 둘러싼 SNS상의 '유언비어'에 대한 작은 기사가 실렸다. 그것은 '현내 미군기지 캠프 포스터의 해병대원이 코로나바이러스에 걸렸다'는 내용의 트위터가 확산되고 있다는 내용이었다. 이에 대해 미군 측은 "현재 오키나와의 해병대원 중 코로나바이러스 유증상자는 없다"고 밝혔고, 오키나와현 지역 보건과 또한 "기지 내부에서 감염자가 발생했다는 정보는 들어오지 않았다"고 답변했다.[1]

이때 기지 내의 신종 코로나바이러스 감염증의 발생은 어디까지나 '소문'에 불과했으며, 새로운 사태에 직면했을 때 사람들이

---

1 『沖縄タイムス』, 2020.2.6;『琉球新報』, 2020.2.7.

혼히 퍼뜨리는 부정적인 측면의 '헛소문'이라고 여겨졌다. 하지만 돌이켜 보면 이러한 '소문'은 오키나와의 '이입'과 '외래'의 질병에 대해 사람들이 잠재적으로 느끼고 있는 불안감을 표출시킨 면도 없지 않아 있는 것이 아닌가 생각하게 만든다. 3월이 되자 미군기지 내부에서 감염이 발견되었다고 하는 보도가 있었지만 이러한 사실에 관련된 것만은 아니다. 이러한 현상의 근저에 사회 현실로서 과중한 군사기지의 부담이 있다는 것은 무시할 수 없다.

실제로 미일지위협정 제9조에는 "합중국 군대의 구성원은 여권 및 사증에 관한 일본 법령의 적용에서 제외된다"고 명시되어 있으며, 미군 관계자가 미군기지를 통해 일본에 입국하는 경우에는 일본 법령에 따른 검역을 받을 필요가 없다. 또한 2013년 미일합동위원회에서는 기지 내에서 감염병이 발생할 경우 일본 보건소 측에 관련 사실을 통보하기로 합의했지만 미국 국방부는 이번 신종 코로나바이러스 감염증에 대응하는 과정에서 2020년 3월 31일부로 미군의 코로나 감염자 수 및 세부사항에 대해 비공개로 전환했다.[2] 그 전에 미군과 그 가족을 포함하여 총 3명의 감염자가 있다는 사실이 공표되었지만, 그들이 기지 내에 거주하고 있었는지 외부에 거주하고 있었는지, 기지 밖에서 밀접접촉을 했을 가능성이 있는지 등의 세부사항에 대해서는 오키나와현의 정보개시 요

---

2   『琉球新報』, 2020.4.1; 『沖縄タイムス』, 2020.4.1.

구가 있었음에도 불구하고 미군과 일본 정부로부터 충분한 정보 공유는 없었다.

미군기지에 관한 정보의 불투명성은 감염증에 한정된 이야기는 아니지만, 긴급사태 선포 후 발생한 두 사건—4월 10일에 미군 후텐마普天間 비행장에서 일어난 유기불소 화합물 PFOS를 포함한 포말 소화제의 대량누출 사건과 5월 12일에 있었던 가데나嘉手納 기지에서 근무하는 두 명의 미군 병사에 의한 외화 환전소 강도사 건—과 맞물려 신종 코로나바이러스 감염증의 확산 속에서 미군 기지의 '블랙박스화'가 다시 한번 주목받게 되었다.

또한 신종 코로나바이러스 감염증의 확산으로 미군기지의 입구 에서는 기지 외부에 거주하는 미군 병사나 기지로 출퇴근하는 직 원들을 대상으로 매일 아침 건강 상태를 확인하고 있다. 이에 따 라 입구 주변에는 차량의 행렬이 길게 이어지게 되었다. 그러나, 이처럼 시내에서 기지로 들어오는 것은 엄격히 관리되지만, 기지 에서 시내로 나갈 때는 입구를 쉽게 빠져나가는 등 관리되지 않고 있다.[3] 이러한 모습은 오염물질이나 소음, 폐기물, 범죄나 폭력 등 과 마찬가지로 감염증 또한 아무도 모르는 사이에 기지 밖으로 퍼 져 나가지 않을까 하는 불안감을 사람들에게 안겨주고 있다.

---

3   『沖縄タイムス』, 2020.4.11.

한국전쟁과 성감염증

감염증을 둘러싼 문제에 초점을 맞췄을 때, 미군기지와의 관계 혹은 미군기지가 초래하는 영향에 대해서 잘 정리된 고찰은 없어 보이지만 오키나와 현대사 서술 중 미군 점령과 감염증과의 관계를 서술하는 과정에서 자주 거론되는 것은 말라리아와 성감염증이다. 오키나와에 있어서의 감염증은 크게 급성과 만성 그리고 아열대의 풍토에 의한 것으로 나뉘며 점령하에서 미군이 가장 먼저 대책을 세운 것은 모기가 병을 옮기는 열대 풍토병으로 급격하게 질병이 악화되는 말라리아나 필라리아병, 일본 뇌염 등이었다.

말라리아는 오키나와 전쟁 당시 일본군에 의해 주민들이 강제 이주되면서 야에야마 제도에서 대유행했을 뿐만 아니라 점령 초기 민간인 수용소에서도 퍼지는 등 주민들의 희생이 컸다.[4] 미군의 말라리아 대책에 대해서는 종종 1957년 WHO세계보건기구와 록펠러 재단이 추진했던 대책의 일환으로 류큐 열도 미국민정부 위생부가 실시한 '휠러 플랜'에 의한 DDT 잔류분무의 성과가 강조되지만, 점령 당시 미군의 공중보건 정책은 오키나와 주민의 생명을 위한

---

4 '전쟁 말라리아'에 대해서는 石原ゼミナール戦争体験記録研究会編, 『もうひとつの沖縄戦 : マラリア地獄の波照間島』, ひるぎ社, 1983; 毎日新聞特別報道部取材班編, 『沖縄・戦争マラリア事件 : 南の島の強制疎開』, 東方出版, 1994; 宮良作, 『沖縄戦の記録 : 日本軍と戦争マラリア』, 新日本出版社, 2004; 大屋英代, 『沖縄「戦争マラリア」 : 強制疎開死3600人の真相に迫る』, あけび書房, 2020 등을 참조.

것은 아니었다. 말라리아 대책에 힘썼던 야에야마 보건소의 이카이호医介輔(지상전으로 붕괴된 의료체제와 전쟁 후 의사 부족을 메꾼 의료종사자) 중 한 명이었던 모토모리 노부오本盛信雄는 한국전쟁 중인 1951년경 미군이 지급했던 항말라리아제인 아테브린이 부족해져 당시의 의료 종사자들이 동분서주하며 다른 보건소를 통해 치료제를 구했지만, 애초에 아테브린의 공급 부족의 원인은 '미군이 회수해서 조선 쪽으로 보냈다고 들었다'고 기록하고 있다.[5]

점령 하의 감염증 대책의 군사 우선적인 경향은 성감염증에서 보다 두드러지게 나타난다. 성감염증은 만성적으로 사회에 존재하고 있고 단기간에 병증이 악화되지는 않지만, 실제로는 미군의 감염증 대책의 중심에 놓여있는 질병이었다. 미군은 오키나와에 상륙한 이래로 미군 병사의 성감염증 문제로 애를 먹고 있었으며 1947년 군정부 특별포고 제15호「성병 단속Venereal Disease Control」을 발포하여 오키나와 민정부에게 매독과 임질, 연성 하감에 걸린 자들을 관리하도록 명했다. 이 포고는 이와 동시에 발포된 두 개의 포고인「점령 군인을 대상으로 한 매춘 금지Prostitution Prohibited with

---

5   『沖縄タイムス』, 2020.1.10. 의개보 제도에 대해서는 沖縄医介輔会編,『沖縄介輔史』, 沖縄医介輔会, 1992; 親盛長明,『ある医介輔の記録』, 南山舎, 2010, 등을 참조. '휠러 플랜'과 관련해서는 전전부터 '전쟁 말라리아'를 거쳐 점령 당시의 말라리아 대책에 이르기까지 그 연속성에 착안한 것으로써 이지마 와타루의『말라리아와 제국: 식민지 의학과 동아시아의 광역 질서』(飯島渉,『マラリアと帝国 : 植民地医学と東アジアの広域秩序』, 東京大学出版会, 2005) 제5장은 상세하고 중요하다.

Members of the Occupation Forces」(제14호)와 「부녀자의 성적 노예제 금지 Female Sex Slavery Prohibited」(제16호)와 더불어 미군 병사의 매춘 대상이 된 여성들을 관리하고자 했던 것이었다.[6] 제15호는 성감염증에 걸린 자의 격리나 입원 및 치료, 의료시설 정비 등에 관한 것이지만 민간 경찰을 동원한 환자의 '연행'과 이에 응하지 않을 경우 특별 군사법정에서 재판을 받도록 하여 벌금이나 징역 등 형벌에 처하도록 규정되어 있었다.[7]

1950년에 한국전쟁이 시작되자 성감염증 문제가 더욱 심각해지게 되었다. 특별포고 제15호에 입각하여 관리의 대상이 된 질환을 보면 한국전쟁 발발 전년도인 1949년의 주민 환자 수는 임질 711명, 매독 111명, 연성하감 10명이었지만 1950년에는 임질 1,511명, 매독 859명, 연성하감 108명으로 1년 사이에 임질은 2.1배, 매독 7.7배, 연성하감은 10배 증가했다는 것을 알 수 있다. 또한 환자들의 성비는 1950년에는 여성이 남성의 2.2배였지만 1951년이 되자 5배가 되었다. 확실한 경우에만 감염원이 나와 있으며 기록상으로는 미군 및 군무원의 환자 수는 오키나와 주민의 2배라고 나와있다.[8]

---

6 沖縄県公文書館所蔵琉球政府文書, 『軍政府特別布告 / Military Government Special Proclamation 1945年~1950年 第001号~第044号』(資料コードRDAE000063).

7 「軍政府特別布告第15号 花柳病取締」(沖縄県公文書館所蔵琉球政府文書, 『沖縄民政府当時の軍司令及び一般文書, 5-3, 1947』(資料コードR00000481B).

8 照屋寛善, 「戦後沖縄における保健医療行政の推移と展開」, 『戦後沖縄の医療 : 私の歩んだ道から』, メヂカルフレンド社, 1987 참조.

점령하 오키나와에 있어서의 여성의 신체와 군사주의라는 관점에서 봤을 때 한국전쟁은 크게 두 가지 점에서 중대한 의미를 지닌다. 첫 번째로는 주둔 미군의 군인과 군무원에 의한 성범죄의 증가와 흉악화이다. '기지와 군대를 용서하지 않는 행동하는 여성회'가 계속해서 정리하고 있는 『오키나와 미군 병사에 의한 여성 성범죄』라는 책자에는 1945년부터 한국전쟁 휴전협정이 이루어지던 1953년까지 미군에 의한 성범죄가 빈번히 발생했다는 사실이 기록되어있다.[9] 이 책자에 따르면 한국전쟁 기간 동안에는 1950년 7월부터 8월에 걸친 성범죄 기록이 많았으며, 이 밖에도 리지웨이Matthew Ridgway가 미 제8군 사령관이 된 1951년 1월 말 이후 서울 탈환과 북위 38도선을 둘러싸고 UN군과 조선인민군·중국군이 사투를 벌였던 1951년 2월부터 5월까지의 기록 또한 많다.[10]

나머지 한 가지는 한국전쟁을 배경으로 한 성폭력을 수용하는

---

9   秋林こずえ,「第三章 軍事主義と性暴力」, 沖縄県教育庁文化財課史料編集班編, 『沖縄県史各論編 8 女性史』, 沖縄県教育委員会, 2016 등 참조.

10   基地·軍隊を許さない行動する女たちの会編, 『沖縄米兵による女性への性暴力』12, 2016. 다카자토 스즈요(高里鈴代)는 1945년부터 1950년대 초반까지 미군이 저지른 성범죄의 특징에 대해 ① 총이나 칼과 같은 무기로 위협하여 강간, ② 병사가 무리지어서 납치 및 강간, ③ 구조하러 달려온 가족 등이 살해되거나 중상을 입음, ④ 수용 시설이나 병원, 논밭, 기지, 도로, 가족이 있는 자택 등 모든 장소에서 이루어짐, ⑤ 강간 치상 및 치사, ⑥ 유아를 포함하여 폭력의 대상이 되는 사람들의 연령대의 다양성, ⑦ 강간으로 인한 출산, ⑧ 가해자의 불처벌을 언급했다. 高里鈴代,「軍隊·その構造的暴力と女性 : 沖縄における戦後性暴力と売春防止法の欺瞞」, 富坂キリスト教センター編, 『沖縄にみる性暴力と軍事主義』, 御茶ノ水書房, 2017, 26~27쪽.

제도나 공간의 변화이다. 이 시기에 가데나 기지에 접수되어있었던 군용지의 일부가 반환되어 '색주가 거리'로서 '야에시마'가 만들어졌으며 가쓰렌에는 '마쓰시마', 기노완에는 '마에하라', 나하에는 '신쓰지마치' 등 미군을 상대로 모여서 영업을 하는 지역이 만들어졌다. 오키나와에서 이 지역들은 기지와 주민 사이에 '완충지대'를 만들어 성폭력으로부터 '아이들과 청소년을 지키기 위한 방파제'를 구축하는 역할이었으며, '비행 방지'와 '환경 정화'를 목적으로 하였다. 또한 권력자들이 연루된 사업이 되었다.

하지만 실제로 이 사업들은 병사의 성감염증 방지를 최우선으로 생각하는 미군의 요구에 따른 것이었다. 한국전쟁 발발 직후인 1950년 7월, 미군정부는 특별포고 제15호를 개정하여 새롭게 포고령 제21호 「성병 단속Venereal Disease Control」을 공포하여 감염자의 철저한 관리를 요구하였다. 또한 당시 민정부 장관이었던 비틀러Robert Beightler는 1951년 11월에 「성병 방지요청」에 따르도록 오키나와 군도정부에 지시했다.[11]

---

11 Military Government Ordinance No.21, "Venereal Disease Control", Military Government of the Ryukyu Islands, July 13, 1950(『軍政府布令 / Military Government Ordinance 1950, 第001号~第028号』, 沖縄県公文書館所蔵琉球政府文書(資料コードRDAE000053)). 또한 1952年3月18日付沖縄群島知事から各警察署長·市町村長宛, 「性病防圧について」, 宜野湾市教育委員会文化課編, 『宜野湾市史第8巻資料編7戦後資料編Ⅰ戦後初期の宜野湾(資料編)』, 宜野湾市教育委員会, 2008, 518~519쪽 참조. 다카자토는 자국의 병사우선적인 미군의 의도를 지적함과 동시에 환락가의 가게에서 일하는 여성들에 대해 미군의 폭력으로부터 사회를 지키는 "방파제"로서 "이용"하는 한편 "달러를 벌어서

이때 비틀러는 오키나와 군도정부지사인 다이라 다쓰오에게 미군에서 만연하는 성감염증의 감염원인 여성들의 관리를 철저히 하도록 요구하는 서한을 보내며 "점령군 직원을 대상으로 한 매춘 행위를 멈추고 민간 균보유자의 화류병(성병)을 박멸할 수 있도록 엄격한 조치를 취하지 않는다면" "매춘을 묵인한다고 판단되는 지역 및 도시는 점령군 군인의 출입금지구역off limit으로 지정해야 한다"고 쓰고 있다.[12] 이것은 당시 미군에 대한 경제 의존도가 높았던 오키나와 사회에 대한 점령자에 의한 일종의 위협이었다.

하지만 당시 오키나와 보건의료 행정의 가장 큰 문제는 전쟁에 의한 파괴, 교육기관의 부족, 이동 금지 등이 초래한 의료종사자의 부족이었다. 이에 따라 오키나와의 한정된 의료 자원을 미군이 요구하는 성감염증 대책에만 집중시킬 수는 없었다. 전쟁 후 오키나와의 보건소는 이러한 성감염증 문제를 겪는 과정에서 개설되었다. 우선, 미군과의 접촉이 잦은 중부지역을 관할하는 코자 보건소를 시작으로 나하, 나고 그리고 미야코, 야에야마에 차례대로

사회를 지탱하는 역할을 해주길 바란다」는 "가부장제의 이중적인 기준"이 있었다고 지적했다. 또한 다카자토는 이 시기의 오키나와의 군사 주의에 물들어버린 성차별과 성폭력에 대해 "여성들을 향한 '새로운 전쟁'"이라고 표현하고 있다. 이러한 오키나와 여성사의 시점은 "잘 알려지지 않은 전쟁"을 넘어 한국전쟁이 전쟁 후 오키나와의 사회와 구조적으로 깊이 얽혀 있었던 것을 되묻기 위한 단서를 준다는 점에서 중요하다.

12 Letter from Beightler to Taira, November 24, 1951(『対米国民政府往復文書, 1951年9月~12月発送·受領文書』, 沖縄県公文書館所蔵琉球政府文書(資料コードR00165465B)).

개설되었다. 또한 의사 부족을 메우기 위해 이카이호나 공중위생 간호부(공간)의 양성도 시작되었다.[13]

성감염증 대책은 점령 당시 군사 우선적인 경향이 현저했으며, 보건소 설치 목적 또한 미군이 요구하는 성감염증 대책을 배경으로 하고 있었다. 하지만 이곳은 동시에 의료 현장에 있는 의사나 이카이호, 간호부, 공중위생 간호부, 조산부들이 점령자의 사고방식에 대항하며 전후 오키나와의 지역의료를 재구축하기 위해 고군분투하는 현장이 되어있었다.

베트남 전쟁과 풍진

미군은 성감염증이 기지 외부(시내 등)로부터 내부(병사)로 들어오는 것을 두려워하여 환락가에서 일하는 여성들을 '감염원'이라 여기고 관리하려고 했다. 1955년의 통계를 보면 임질의 신규감염자 약 1,000명 중 96%가 여성이었으며, 1961년의 통계에서는 84%를 차지하였다.[14] 실제로 오키나와 보건소의 통계 중 성감염

13　照屋, 앞의 글; 大鶴正満,「沖縄における地域特性」, 琉球大学医学部附属地域医療研究センター編,『沖縄の疾病とその特性』, 九州大学出版会, 1996; 中野育男,『米国統治下沖縄の社会と法』, 専修大学出版局, 2005 등 참조. 공중위생간호부는 오키나와에서 널리 공간(公看)으로 불려 복귀 후 일본의 제도하에서 보건부(보건사)가 되었다. 沖縄県保健婦長会編,『沖縄の保健婦たち』, ひるぎ社, 1994 등 참조.

증의 「감염원」에 미군 병사들이 상당수 포함되어있었던 것을 보면 감염증이 기지 밖에서 안으로 들어갔는지 기지 안에서 밖으로 나왔는지 그 경계는 불분명하다. 하지만 점령 하 제도는 오키나와 여성들을 관리하는 쪽으로 마련되었다.

오키나와 현대사의 다양한 서술 중 감염증이 기지 내부에서 오키나와 사회로 침투해왔다고 여겨지는 이유 중 하나로는 1960년대 중반 풍진의 대유행이 있다.

오키나와 공중위생 간호부가 실시한 역학조사에 따르면 1964년부터 1965년에 걸친 오키나와에서의 풍진의 유행은 1964년 10월에 시작되어 1965년 2월에 급증했으며 4월에 정점을 찍고 그해 8월에 수습되었다고 한다.[15] 당시 20대 여성의 18%가 풍진에 걸렸으며 그 후 1965년부터 1966년에 걸쳐 수많은 선천성 풍진증후군congenital rubella syndrome을 가진 아이들이 태어났다. 이후 이루어진 조사에 따르면 이 유행의 영향으로 선천성 풍진증후군을 가지고 태어난 아이들은 408명이었다고 한다.[16]

---

14 琉球政府社会局公衆衛生課, 『伝染病統計集計表 1955年01月~1956年12月』, 沖縄県公文書館所蔵琉球政府文書(資料コードR00081685B); 琉球政府予防課, 『伝染病統計・新発生患者数・年齢別新発生患者数・志望者数』, 沖縄県公文書館所蔵琉球政府文書(資料コードR00081780B)에서 필자가 산출함.

15 西田之昭, 『南の島・風疹物語: 沖縄を襲った風疹大流行』, 梓書院, 2005, 27쪽 참조.

16 植田浩司, 「日本の風疹・先天性風疹症候群の疫学調査: 偶然との出会い」, 『小児感染免疫』20-2, 2008; Ueda, K.,et al., "An Explanation for the High Incidence of Congenital Rubella Syndrome in Ryukyu", *American Journal*

선천성 풍진증후군이란 임신 20주 이내의 여성이 풍진 항체를 가지고 있지 않거나 항체 수치가 낮은 경우 태아가 백내장이나 녹내장, 심방중격 결손증, 폐동맥 협착증과 같은 심장 질환 혹은 내이성 난청과 같은 청각장애 등이 나타나는 것을 특징으로 하고 있다.

오키나와의 풍진 유행에 따른 청각장애에 대해서는 1978년부터 1983년까지 6년간에 한정되어 설치된 기타시로로학교北城ろう学校의 야구부를 주제로 한 작품인 도베 요시나리戸部良也의 『청춘의 기록 아득한 고시엔 – 들리지 않는 야구공 소리에 사활을 건 16명』과 그것을 원작으로 한 야마모토 오사무山本おさむ의 만화에 의해 전국적으로도 널리 알려지게 되었다.[17]

1960년대 초 세계에서의 풍진 유행은 1962년경부터 유럽에서 시작되어 1964년부터 1965년까지 미국에도 대유행을 일으켰다. 당시 미국에서만 1,250만 명이 감염되었고 1만 1,000명의 임산부가 유산, 2,100명이 사산을 경험했고 2만 명 이상의 신생아가 선천성 풍진증후군을 가지고 태어났다고 알려져 있다. 임신 중에 풍진에 걸리면 태아가 선천성 장애를 가지고 태어난다는 사실은 1940년대부터 익히 알려져 있었지만 유효한 백신의 개발은 1969년까지 기다릴 수밖에 없었다.[18]

of Epidemiology, vol.107, no.4, 1978 등 참조.

17 戸部良也, 『青春の記録 – 遙かなる甲子園 – 聴こえぬ球音に賭けた十六人』, 双葉社, 1987; 山本おさむ, 『遙かなる甲子園』은 1988년부터 『漫画アクション』에 연재되었다.

1964년부터 1965년까지 오키나와에서의 풍진 유행은 앞서 말한 미국에서의 대유행 시기와 겹쳐진다. 이 시기에 일본 국내에서는 지방 도시 등에서의 유행은 있었지만 국지적이었으며 애당초 일본 본토와 오키나와와의 왕래는 미군에 의해 관리 및 제한되고 있었기에 일본에서 전파됐을 가능성은 낮았다. 또한 대만에서의 유행도 없었으며 아마미 제도에서의 사례도 적었다.[19]

이러한 풍진의 유행이 구체적으로 어떠한 감염 경로로 진행되었는지, 또 미군이나 미국 정부의 보건·공중위생 기관 등이 풍진 유행의 실태를 어떤 식으로 파악하고 있었는지에 관해서는 향후 역사적인 검증이 필요하지만, 당시 오키나와 지역의료 종사자들의 대다수는 풍진이 미군기지를 통해 들어온 것이라고 인식하였으며 현재까지도 그런 식으로 여겨지고 있는 데에는 오키나와의 일상을 둘러싼 상황에 이유가 있다.

즉, 풍진의 유행이 미국과 오키나와 양쪽에서 시작된 1964년 가을부터 1965년 여름까지의 1년 남짓한 시기는 베트남 전쟁이

---

18 Centers for Disease Control and Prevention, "Rubella in the U.S.".
https://www.cdc.gov/rubella/about/in-the-us.html(2020.6.5 열람);
Plotkin, Stanly A., "The History of Rubella and Rubella Vaccination Leading to Elimination", *Clinical Infectious Diseases*, vol.43, supplement 3, 2006; Heller, Jacob, "In Zika, Echoes of US Rubella Outbreak of 1964-65", *The Conversation*, August 1, 2016.
https://theconversation.com/in-zika-echoes-of-us-rubella-out-break-of-1964-65-61776(2020.6.5 열람)
19 植田, 앞의 글.

확대되었던 시기와 겹치며, 오키나와에 주둔하는 미군 중에는 미국과 오키나와의 기지를 왕래하는 인적 이동이 급격하게 확대되었기 때문이다.

미원조군사령부MACV와 군사고문단 등을 통해 '반공 방파제'로서의 남베트남 응오딘 지엠 체제를 지원해온 미국은 1964년 8월 통킹만 사건을 계기로 '북폭'을 개시하였고 '롤링 썬더 작전' 등 더욱 규모가 큰 지상 전투부대를 투입하게 되었다. 1965년 2월, 남베트남 해방 민족 전선이 미군사고문단이 거점으로 삼았던 쁠래이꾸의 캠프 할로웨이를 공격하자 같은 해 3월 존슨 대통령은 '통킹만 결의'에 입각하여 남베트남 다낭에 약 3,500명의 해병대를 상륙시켰다.

오키나와에는 1950년대 후반 일본 본토에 주둔하고 있던 미 해병대 제3원정군이 이주하여 그 전까지 있던 육해공군에 해병대가 추가되었으며 그 이후 현재까지 4군 체제가 이어지고 있다. 또한 북베트남을 폭격할 B52 전략폭격기의 공중 급유기를 시작으로 이후에는 오키나와에서 B52가 '남폭'을 포함하여 직접 출격하였으며, 이 밖에도 해병대의 다낭 상륙으로 인해 오키나와의 미군기지는 전면적·직접적으로 베트남 전쟁의 전초기지가 되었다.

풍진은 성감염증과 달리 비말감염을 통해 여러 사람에게 널리 퍼지는 풍진 바이러스에 의해 발생되는 급성 발진성감염증이다. 감염의 기본 재생산지수는 5~7인이라고 말해지며, 홍역만큼은 아니지만 강한 전염력을 가지고 있다. 또한 성감염증의 경우에는 성인 남성 병사가 매개하고 있지만, 풍진의 경우는 모든 세대가 병을 매개할 가능성이 있다. 또, 경증부터 중증화하는 사람까지 다양하며 무증상 잠복 감염도 존재한다.

오키나와에 주둔한 미군 중에는 독신 남성만 존재했던 것은 아니며, 1950년대에는 수많은 미군의 가족들을 위해 각지에 미군 주거지역이 만들어졌으며 고령자를 제외한 모든 세대의 남녀와 아동 및 청소년들이 있었다. 게다가 베트남 전쟁의 영향으로 미국과 오키나와를 왕래하는 사람들의 이동 규모도 확대되었다. 또한 미군기지 내에서 일자리를 찾는 오키나와 노동자 중에는 성인 남성 뿐만 아니라 하우스 메이드부터 타이피스트에 이르기까지 여러 형태로 기지 안팎을 드나드는 다양한 세대의 오키나와 여성들이 존재했다.

하지만 이처럼 기지 안팎을 구별하지 않는 접촉이 많았음에도 불구하고, 미군 측이 열심히 감염 상황을 파악하거나 대책 마련에 힘썼다는 기록은 남아있지 않다. 실제로 오키나와의 풍진 유행에 의한 선천성 풍진증후군이 발견된 것은 미군이나 류큐미국민정부의 보건·의료기관에 의한 것이 아니었다. 1966년 나하에서 소아과를 운영하던 오키나와의 여성 의사 요시다 하루코가 일본정부 파견 오키나와 아동검진단의 일원으로 오키나와를 방문한 규슈대학 의학부의 후배인 니시다 유키아키와 가노 마사아키에게 1964

년부터 1965년까지의 대유행에 대해 이야기했고, 마찬가지로 조사에 동행했으며 전년도까지 감염의 중심지였던 뉴욕주의 버펄로 소아병원에서 유학해 미국의 풍진 유행을 가까이서 경험했던 우에다 고지에게 선천성 풍진증후군 의심 증상이 있는 유아의 진찰을 의뢰했던 것에서부터 시작되었다.[20]

니시다 선생이나 우에다 선생에 따르면, 선천성 풍진증후군의 조사에 대해 당초에는 류큐 정부 후생국 담당자는 관심을 보이지 않았지만 요시다 선생을 비롯한 다른 소아과 전문의와 보건소, 공중위생 간호부 등이 힘을 합쳐 라디오나 신문을 통해 어머니들에게 널리 알려지도록 호소했다. 그렇게 점령하의 곤란한 정치 상황에 대항해나감과 동시에 관할 문제 등을 헤쳐나가 선천성 풍진증후군의 실태가 수면 위로 떠오르게 되었다.

'새로운 생활양식'

점령 당시의 감염증 문제를 부분적으로나마 다시 살펴보면, 스스로 자신의 건강을 지키거나 상호간 지켜주는 생활자가 자각적으로 공중위생의 주체가 되는 식의 자율성이 점령체제에 대항하

---

20 西田, 앞의 책; 植田, 앞의 글 등 참조.

고 있었다는 것을 알 수 있다.

현재 '새로운 생활양식'에는 어렵고 힘든 면도 있지만 오키나와의 일상에서 인상 깊었던 것은 예를 들면 엄마가 슈퍼 입구에서 아이에게 손 소독을 해주거나 형제자매끼리 서로 소독을 도와주는 것과 같은 모습이었다. 생활자는 정책이나 전문가의 목소리에 단지 수동적이지만은 않으며, 대다수는 현명하게 생활하면서 자신이나 가족을 지키기를 바라며 '내가 할 수 있는 것은 무엇일까'를 생각하여 하나씩 실천하거나, 할 수 있는 것과 그렇지 않은 것들 사이에서 갈등하면서 살아가고 있다. 그러한 생활자의 생활 방식은 지역 전체의 생활 방식으로 이어지며 나아가 보다 큰 세계와 이어지는 의식을 낳을지도 모른다.

자신의 생활 방식을 스스로 규제한다는 것은 개개인에게 있어서도, 지역사회에 있어서도 자신감으로 이어진다. 통치나 정치가 어떻게 흘러가던지 하루하루를 살아가며 자각적으로 생명을 지키는 작은 행동들의 축적을 소중히 여길 수 있다면, 장기적으로 보았을 때 그러한 자율성이 지역의 자립으로 이어지는 소중한 한걸음이 될지도 모른다. 그런 의미에서 전쟁에 의한 파괴와 점령의 엄격한 조건 속에서 시행착오를 겪은 전후 경험에서 배울 점이 많을지도 모른다.

동시에 바이러스는 기지 문제의 오늘을 반영하고 있기도 하다. 7월 8일 미군 후텐마 기지에서 5명의 미군무원이 신종 코로나바이러스에 감염되었다는 사실이 밝혀졌다. 보도에 따르면 군무원들은 미군이 의무화하고 있는 국외 이동 후 14일간의 자가격리 조치가 해제된 뒤로 자유롭게 이동 가능한 상황이었지만, 그 이후 이동 경로 등 감염이 기지 안팎에서 어떤 식으로 이어지고 있는지 알 수 있는 단서는 주어지지 않고 있다.

과거에는 점령통치체제에 의해, 지금은 미일 안보체제에 의해 미군과의 정보공유에는 벽이 존재한다. 바이러스는 울타리나 출입구를 손쉽게 빠져나갈 수 있는 한편, 이 지독하고 성가신 감염증을 극복하는 과정에는 정보의 벽은 물론 미일 지위 협정이나 안보체제의 구조 등 길을 가로막는 시스템의 문제가 많이 있다.

6
"America is Back"?

와카바야시 치요

(한국어 번역 : 김현지)

볼티모어에 위치한 존스 홉킨스대학 시스템 과학 공학센터가 운영하는 'COVID-19 Dashboard'는 이제 그것 없이는 세상을 알 수 없다고 할 정도로 중요한 도구가 되었다. 설령 'COVID-19 Dashboard'라는 이름을 모를지라도, 과장 없이 보았을 때 우리는 이 웹사이트가 계속해서 갱신하고 있는 신종 코로나바이러스 감염증의 확진자와 사망자 수를 항상 접하고 있다.

하지만 세계 191개국의 감염 상황 데이터가 시시각각 반영되고 있는, 이러한 미국이 발신하고 있는 기능적이고 세련된 시스템이 실은 우한의 도시봉쇄와 동시에 두 명의 중국 출신 존스 홉킨스대학원생에 의해 만들어졌다는 사실을 아는 사람은 그리 많지 않을지도 모른다. 그들은 신종 코로나바이러스 감염증으로 괴로워하는 고향을 생각하며 홍역이나 지카 바이러스와 같은 감염증의 유행에 관한 공간 모델링 시스템을 응용하여 'COVID-19 Dash-board'의 최초 시스템을 구축하였다.[1] 이윽고 세계가 팬데믹 상황에 빠지자 'COVID-19 Dashboard'는 하루에 1억 회 이상의 접속 수를 달성하며 이 세상에 없어서는 안 될 감염증에 관한 정보원이 되었다.

이제는 PC나 모바일 단말기 등을 사용하여 'COVID-19 Dash-board'를 확인하는 것을 일과로 삼는 사람들이 전 세계에 무수히 존재한다. 하지만 이 사이트를 볼 때 사람들은 더 이상 두 명의 유학생을 떠올리지는 않을 것이다. 이러한 도구는 어떤 의미에서는 미국의 문화적인 역량, 즉 '소프트 파워'를 보여준다. 미합중국은 세계를 구성하는 일부분에 지나지 않는다. 그럼에도 불구하고 이러한 '파워'는 마치 미국 속에 세계가 들어가 있는 듯한 착각을 불러일으킨다.

하지만 이 반년 이상의 기간 동안 'COVID-19 Dashboard'가 세상에 계속해서 보여준 것은 그러한 미국의 '소프트 파워' 우위

---

1 "Chinese students behind globally-shared COVID-19 data map", Ecns. cn, April 10, 2020(http://www.ecns.cn/video/2020-04-10/detail- ifzvii qq6924732.shtml, 2020.5.6 열람);「ジョンズ・ホプキンス大学の新型コロナウイルス感染状況ダッシュボード作成の裏側」,『ArcGISブログ』2020.4.17 (https://blog.esrij.com/2020/04/17/post-35916/, 2020.5.6 열람). 두 명의 중국 출신 대학원생은 Ensheng Dong(董恩生) 씨와 Hongru Du(杜鴻儒) 씨이며, 대시보드는 공간모니터링 시스템 구축의 전문가인 로렌 가드너 씨가 통솔하는 팀에 의해 유지·운영되고 있다.

성의 이미지가 아니었다. 세계에 널리 공유되었던 것은, 공중위생 측면에서 신종 코로나바이러스 감염증에 전혀 대응하지 못한 채 팬데믹의 중심이 되어버린 미국이다. 'COVID-19 Dashboard'의 세계지도에는 감염자가 빨간점으로 표시되어 있는데, 세계 어느 지역보다 미합중국의 빨간색은 짙다.

2020년 11월 말 현재, 전 세계 191개국에서 지금까지 6,318만 9,103명이 신종 코로나바이러스에 감염되었고 146만 6,762명이 목숨을 잃었으며, 그 중 미합중국의 감염자수는 1,353만 6,216명, 사망자는 26만 7,987명을 넘겼다.[2] 미국의 감염자와 사망자 수는 월등하며, 그 상승 속도 역시 세계의 어느 지역과도 비교가 되지 않는다. 미국 대통령선거가 치러지던 11월에만 미국 전역에서 400만 명이 새롭게 감염되었고, 사망자는 3만 5,000명에 이른다. 11월 4일에는 단 하루 감염자가 10만 명에 이르렀다. 'COVID-19 Dashboard'가 어느새 '불안정한 대국'이 되어버린 미국을 드러내고 있다.

---

[2] The Center for Systems Science and Engineering (CSSE) at Johns Hopkins University, COVID-19 Dashboard(https://gisanddata.maps.arcgis.com/apps/opsdashboard/index.html#/bda7594740fd40299423467b48e9ecf6, 2020.11.30 열람).

* * *

미국의 신종 코로나바이러스 감염증에 의한 사망자가 2만 명에 달하여 이탈리아를 제치고 세계에서 가장 높아진 것은 4월 초의 일이었다. 10만 명에 달한 것은 그로부터 몇 주 후였다. 그 시기의 일은 선명하게 기억하고 있다.

그것은 5월의 끝 무렵, 미네소타주 미니애폴리스에서 조지 플로이드라는 아프리카계 미국인 남성이 경찰관의 폭행으로 사망한 사건이 일어난 직후였다. 살해사건이 일어난 5월 25일 메모리얼 데이 주말에는, 신종 코로나바이러스 감염 확산을 억제하기 위해 도입되었던 경제활동 규제가 미국 50개 주 전역에서 완화되어 있었다. 또한 사회적 거리두기에 의한 감염방지책은 무참한 상태였다. 그랬기에, 미국에서는 10만 명이 정점이라기보다는 여기서부터 가을과 겨울을 향해 더욱 곤란한 시기가 찾아오지 않을까 예상되는 상태였다(실제로 크리스마스를 향해 그렇게 되어가고 있다).

플로이드 씨의 죽음은 신종 코로나바이러스 감염증 팬데믹 이래의, 혹은 트럼프 정권 출범으로부터 4년간의, 혹은 클린턴 정권이 연방법에 내용을 담은 것에 의한 삼진법三振法이 급속하게 미국 전역으로 퍼졌던 1990년대 이래의……라며 겹겹이 쌓인 노예제 이래의 미국 역사에 축적된 '구조적 인종차별'의 응축된 표현이라며 아프리카계 미국인뿐 아니라 다양한 배경을 가진 사람들이 항의 행동에 참가하며 미국 각지 길거리로 나왔다.[3] 마스크 착용이나 사회적 거리두기를 지키면서, 인권의 보편성을 호소하는 사람들의 모습은 미국의 안쪽에서 나오는 변혁을 향한 에너지의 표출로 받아들여졌다.

하지만 또 다른 한편으로, 마스크 착용을 둘러싼 미국 각지에서 충돌하는 모습은 짧은 텔레비전 뉴스 영상만으로도 팬데믹 속 '불안정한 대국' 미국을 세계에 각인시키기 충분했다. 메모리얼데이 휴일에 마스크 없이 슈퍼마켓에 들어가려다 주의를 받은 고객이 카트를 뒤엎고 점원에게 덤벼드는 모습이나, 심지어는 마스크 착용을 요청하는 레스토랑 종업원에게 입을 크게 벌려 일부러 상대방 얼굴에 기침을 하고 침을 뱉는 여성 고객의 모습 등. 그런 행동을 한 것은 한두 명이 아니었다. 이미 5월 초 미시간주에서는 마스크 착용을 요구한 할인점의 경비원이 요구를 거부한 고객에 의해 사살당하는 사건도 있었다.[4] 10만 명이 신종 코로나바이러스 감염

---

3   삼진법(Three-Strikes Law)이란 범죄 엄벌화 정책의 일환으로 1990년대에 연방법과 주법에 적용된 양형법. 1년 이상의 형을 받은 전과가 2회 이상 있는 경우 3번째의 유죄판결을 받으면 지은 죄의 양형과 관계없이 종신형이 된다. 삼진법과 2020년의 항의행동을 연결지은 기사로서 ランハム裕子, 「『全米:恐ろしい刑務所』に入れられて」, 『朝日新聞Globe+』, 2020.8.8(https://globe.asahi.com/article/13603405, 2020.11.23 열람) 등. 혹은 노예제 폐지 이후 미합중국에서의 인종차별과 대량투옥 시스템의 역사를 검증한 에이바 듀버네이가 감독한 다큐멘터리 『미국 수정헌법 제13조』(2016) 등 참조.

4   "US family 'murdered shop guard for enforcing mask policy'", BBC, May 5, 2020(https://www.bbc.com/news/world-us-canada-52540266, 2020.5.10 열람).

증으로 목숨을 잃어도 '욕망'을 '자유'라고 바꿔 읽고, 유세에서는 마스크를 착용하지 않은 채 마치 세계에 아무 일도 일어나지 않았다는 듯이 골프를 즐기는 대통령, 또 '마스크를 착용하지 않을 권리'를 '자기 결정권', '시민적 자유', '시민권'이라고 주장하는 사람들뿐만 아니라, 심지어는 '마스크는 공산주의다'라고까지 외치는 사람들.

* * *

이렇게 점차 이제는 '불안정한 대국'이 된 미국에서 일어나고 있는 일에 관한 뉴스를 보는 것 자체가 두려워졌을 때쯤, 오키나와에서는 봄 무렵 우려가 되고 있었던 문제에 대해 빈번히 머릿속에 그려보는 일이 늘어나고 있었다. 그것은 단적으로 말하면 오키나와 안 울타리 너머의 '미국=미군기지'에서의 감염이 어떻게 되어가는지에 관한 것이었다. 구체적으로는 3월 하순 에스퍼 미 국방장관이 신종 코로나바이러스의 감염확대를 방지하기 위해 명령했던, 60일간 미군의 해외에서의 이동 제한 기간이 머지않아 종료되어버리는 것에 따른 걱정이었다.[5] 이동 제한이 해제되어버리면, 즉 6월이 되면 미국 본토에서 많은 병사나 그 가족들이 오키나와

---

5   『沖縄タイムス』, 2020.3.27.

로 들어오게 된다. 그것은 본래 그들의 로테이션 기간이기도 하다. 병사와 그 가족들은 미군 전용기로 직접 기지에서 기지로 이동하며, 일본의 검역을 거치지 않고 팬데믹 감염 폭발의 중심지에서 직접 오키나와로 이동한다고 하는 것이었다.

실제로 그 이후에 일어난 일은 6월 중순부터 7월 4일 미국 독립기념일에 걸쳐 열린 대규모 비치 파티와 대규모 집단 감염의 발생 혹은 로테이션 미군을 대상으로 한 민간 호텔의 임차 등이었다.[6]

이 시기에 신종 코로나바이러스를 둘러싸고 미군과의 사이에서 가장 큰 문제로 부상하고 있었던 것은, 현실에서 발생한 심각한 집단 감염 문제는 물론 어떻게 하면 감염 상황에 대한 정보 공유가 이루어질 수 있을까 하는 점이었다. 미일지위협정 제9조에는 "합중국 군대의 구성원은 여권 및 사증에 관한 일본 법령의 적용에서 제외된다"고 명시되어 있으며, 미군 관계자가 미군기지를 통해 일본에 입국하는 경우에는 일본 법령에 따른 검역을 받을 필요가 없다고 되어있지만, 감염증과 관련해서는 2013년 미일합동위원회를 통해 기지 내에서 감염증이 발생한 경우 일본 보건소에 관련 사실을 통보하기로 합의했을 터였다.

하지만 이번 신종 코로나바이러스 감염증에 대응하는 과정에서 미국 국방부는 2020년 3월 31일부로 미군 코로나 감염자 수 및

---

6 『琉球新報』, 2020.7.12.

그 세부사항을 비공개로 전환해버렸다.[7] 그 이후 미군의 대응은 미일합동위원회의 합의와 국방부의 새로운 방침 사이에서 동요하고 있었던 것으로 보인다.

현재는, 미군이 미군기지에서 발생한 감염상황에 대해, 시설·장소와 감염자 수를 공개하게 되었다. 하지만 감염경로 추적에 따른 정보에 대해서는 공표하지 않고 있다. 일본 정부도, 오키나와현도, 미군 측의 정보공개가 완전히 닫혀버리는 것을 피하기 위해서 감염증을 정치적인 과제로 삼지 않고, 긴급 사태에 대응하여 어디까지나 미군과 협력해서 감염증 대책에 힘쓰자는 식의 자세를 취하고 있다. 감염증 대책으로서 눈앞의 현실에 대한 프래그마틱(실용주의적)한 대응이라고 할지도 모르겠다.

하지만 동시에 이러한 미군과 일본 정부, 오키나와현의 정보 공유가 충분하지 않다는 것은, 기지와 이웃하여 살아가는 사회, 특히 미군기지에 근무하는 오키나와의 기지 종업원들의 상황에서 나타나고 있다.

11월 말부터 12월, 새로운 로테이션에 의해 미국 본토로부터의 사람들의 이동이 시작되자, 미군기지 내에서 발생한 신종 코로나바이러스 감염증 감염자가 증가하기 시작했다. 11월 30일, 오키나와현은 새롭게 미군 관계자 72명이 신종 코로나바이러스에 감

7　『琉球新報』, 2020.4.1;『沖縄タイムス』, 2020.4.1.

염되었다고 발표했다. 이것은 공표된 것에 한정했을 때, 하루에 확인된 미군 관련 감염자 수로는 최대치이다. 하지만 미군기지에서 일하는 종업원들은 오키나와의 보도에 의해 전체 감염자 수 관련 정보를 알 수 있을 뿐, 기지 내 개별 직장에서의 감염 상황에 대한 정보 공유는 없다. 당연히 기지를 드나드는 업자나 택시 운전수, 인근 지자체나 상점가 등이 미군으로부터 직접 정보를 공유받는 일 역시 존재하지 않는다.[8]

유행의 파도, 또 미군의 로테이션이 있을 때마다 항상 이러한 문제가 수면 위로 떠오른다. 12월 3일 현재, 미군기지 내 감염자는 583명으로 미군을 포함한 오키나와의 전체 감염자 수의 1할을 차지하고 있다.[9]

7월 초, 오키나와의 미군기지에서의 신종 코로나바이러스 감염증 집단 감염이 발생했을 무렵, 한국의 공영방송사 KBS 뉴스에서 주한미군 병사들의 현황을 다룬 적이 있었다. 당시 한국에서는 종교시설에서 발생한 집단 감염을 수습하고, 엄격한 제한을 하며 일일 국내 감염자 수를 40명대까지 억제하고 있었다.

KBS 뉴스에서는 주한미군 병사들이 마스크 착용을 무시하고

8　『沖縄タイムス』, 2020.12.1; 『琉球新報』, 2020.7.14・2020.12.1.
9　沖縄県保健医療部地域保健課, 「在沖米軍基地内における新型コロナウイルス感染症発生状況」(2020.12.3 현재).
　　(https://www.pref.okinawa.jp/site/hoken/chiikihoken/kekka-ku/documents/kitiitiran.pdf, 2020.12.3 열람)

부산 바닷가에서 폭죽을 터뜨리는 등 소동을 일으키고 있다고 전했다. 해변에서는 더운 외중에도 한국인 관광객들은 마스크를 착용하고 있었으나, 주한미군 병사들 중 마스크를 하고 있는 사람은 전무했다. 지역 자치단체가 친절하게 마스크를 무료로 배포하여도 "Covid-19 is not real신종 코로나바이러스는 거짓이다"이라고 말하며 자치단체 직원의 손을 뿌리치고 있었다. 설령 마스크를 받더라도 바로 주머니에 넣거나 버려버렸다. 즉, 그들에게 있어서 세계는 미국 안에 있으며 부산은 '미국의 일부'에 지나지 않는다는 것이었다. KBS 뉴스의 해설은 일본이나 오키나와의 보도보다도 훨씬 명확하게 전하고 있으며, "그들은 신종 코로나바이러스 감염 확대에 전혀 관심을 보이지 않는다"고 서술하고 있었다. 그것은 아마도 정확한 묘사일 것이다. 한국 사람들의 항의를 거들떠보지도 않고 부산 해변에서 미국 독립기념일 비치 파티를 진행한 그들의 모습은, 미합중국의 다양성을 반영한다며 다양한 인종 병사들이 함께 뒤섞여 경단처럼 몸을 흔들고 춤을 추었던 오키나와에서의 경악스러운 비치 파티 영상과 닮아있었다.

* * *

2020년에 미국 대통령 선거가 실시되었고 그 결과는 민주당 조 바이든 전 부통령의 신승辛勝이었다. 실제로 이번 선거에서는 트럼프 대통령이 신종 코로나바이러스 감염증 대책에 연이어 실패하여 25만 명이 넘는 사람들의 목숨을 잃으면서도, 견고한 콘크리트 지지율을 유지했던 것이 강하게 인상에 남았다. 트럼프라는 극약劇藥을 사용해온 공화당은 정권 이행에 따른 여러 가지 문제에 직면해 있지만, 트럼프에 대해 어찌할 도리를 못 찾고 있다. 그것은 트럼프 지지층의 두터움 때문이다. 트럼프의 콘크리트 지지층은 자주 지적되어왔으나, 그것은 상상 이상으로 견고했다. 즉, 민주당은 선거에서 승리했다 하더라도 바이든 정권이 중간선거까지의 통치에서 훌륭한 성과를 거두지 못한다면, 2024년에 있을 대통령 선거는 민주당에게 있어서 2016년 이상의 대참사가 될 것이다. 민주당은 어디까지나 간신히 이겼음에 지나지 않는 것이다.

한편 조 바이든은 부통령 후보로 남아시아계와 아프리카계에 뿌리를 둔 카멀라 해리스 상원의원을 지명하였고 차기 정권에 여러 여성이나 소수 민족 출신의 직원을 등용하려 하고 있다. 그것은 언뜻 보기에는 미국 민주 정치의 가능성을 회복시키고 전진시키려는 이미지가 있다. 게다가 이러한 혁신적인 배치는 '미국이니까 실현할 수 있다'는 이미지를 주고 있다. 하지만 그것은 진실이 아니다. 여성 각료가 많은 것으로 치면 스페인이나 캐나다, 페루, 르완다, 뉴질랜드, 핀란드 등이 선진적인 동시에 계속성이 있다. 그럼에도 불구하고, 특히 카멀라 해리스의 연설을 통해, '유리 천장'이 없어졌다든가 하는 다양한 기대감이 오키나와에서도 표명

되었다. 즉, 그것은 서두에서도 썼던 것처럼 미국은 세계의 일부분에 지나지 않음에도, 마치 미국이 전 세계를 내포하고 있는 듯한 착각이 항상 붙어있는 것이다. 실제로는 오키나와뿐 아니라 아시아에서 해리스 부통령을 보았을 때, 지금으로서는 다음과 같은 말 밖에 할 수 있는 것이 없다. 해리스는 미합중국의 국내 과제에 중점적으로 관여해온 정치가이며 외교에 대해서는 그다지 자세히 알지 못한다. 따라서 '아무것도 할 수 없을지도 모른다' 혹은 그렇기에 '무언가 할 수 있을지도 모른다'.

11월 25일, 바이든 차기 정권의 외교·안전보장 관련 각료가 발표되었다. 조 바이든은 트럼프 정권의 "America First nationalism미국 제1주의"을 부정하고 "Global Leader세계의 리더"로서 "America is Back미국은 돌아왔다"이라고 말했다.

"America is Back."

이 말을 환희로 받아들이는 사람이 이 세상에 얼마나 있을지는 모른다. 개인적으로는 환경 문제에 대해 존 케리 전 국무장관이 특사로 지명된 것은 기대해볼 만하다고 생각한다. 하지만 동시에 이런 걱정이 떠오르는 것도 분명하다. 즉, 난폭한 '미국 제1주의'가 끝나면, 그 진절머리 날 정도로 불손하고 거만한 'American Exceptionalism미국예외주의', 즉 미국 안에 세계가 존재한다는 착각에 의한 세계관의 교만을 재차 마주하게 된다는 것일까?

지금 현재 팬데믹 와중에 말할 수 있는 것은 다음과 같은 것이 될 것이다. '미국은 돌아올 것이다'. 하지만 그 미국은 우리가 알고 있다고 생각하는 것과 똑같은 미국은 아니다. 이미, 이제는 '불안정한 대국'이 된 미국이 돌아오는 것이다.

7

오키나와의 주변에서 평화를 외치다

조경희

동경과 부채 의식

나하那覇 공항에서 입국 수속을 밟으면서 처음 느껴보는 이상한 기분에 휩싸였다. 한국 여권을 가지고 있지만 일본에서 나서 자란 나는 일본 입국 시 항상 내국인용(일본 재입국) 입구에 줄을 서서 심사를 받는다. 그러나 그날은 완전한 외국인으로 줄을 서야만 할 것 같았다. 끈적끈적한 공기, 까만 피부와 이국적 외모, 비음이 강한 말투, 내게 익숙한 일본과는 물론, 본토에서 만난 오키나와 사람들과도 많이 달랐다. 말로만 듣던 '우치난추(오키나와인)'와 '야마톤추(일본인)'의 차이가 피부로 확 와 닿는 순간이었다.

생각해 보니 일본에서 30년 이상을 살았는데 이제 와서 오키나와를 처음 가 본다는 것은 자연스러운 일이 아니었다. 오키나와의 일본 '복귀' 후 태어나 1980년대 일본에서 성장한 나에게 오키나와는 늘 동경심과 부채 의식을 함께 불러일으켰다. 맑은 날씨와 에메랄드빛 바다, 소박한 사람들이 있는 '치유의 공간' 이미지에 가려진 그곳의 엄연한 현실, 즉 미군 폭행 사건, 미군용지 강제 사용 문제, 기지 이전 문제, 미군 헬기 추락 사건 등을 매일 뉴스에서 접했기 때문이다. 고급 리조트로서 오키나와와 동아시아의 군사적 거점으로서 오키나와가 양립 가능하다고 보는 본토인들과 함께, 나는 "오키나와가 좋아!"를 외치는 사람들을 경멸하는 방관자로서 그 불편함에 대해 침묵하고 있었다.

기회는 몇 번 있었다. 첫 번째는 2004년 겨울, 일본인과 오키나와인, 재일조선인, 한국인 들이 식민주의와 동아시아 냉전에 관한 공동 프로젝트를 진행했고, 그 일환으로 오키나와 대학에서 국제 심포지엄을 개최했다. 서로 다른 배경을 가진 자들이 부대끼고 부딪치면서 만들어나간 과정은 '탈냉전'의 틈새에서 일어난 작은 기적과 같은 경험이었다. 그런데 막상 오키나와를 방문한다고 하니 갑자기 부담감이 밀려왔다. 지적 호기심보다 대화와 연대에 대한 버거움이 앞서, 스스로 기회를 포기하고 말았다. 몇 년 후 또다시 오키나와를 찾아갈 계획을 꾸며봤지만 호화로운 여행을 바라는 동행자와의 의견 차이로 계획은 무산되었다.

원래 여행을 썩 좋아하지도 않았지만 불발로 끝난 계획은 어느덧 숙제가 되었다. 난생처음 오키나와를 방문하기 위해서는 특별

한 조건들이 필요했다. 개인 여행이 아닌 평화 답사의 형태라면 좋겠고, 믿을 만한 사람들과의 편안하고 차분한 소규모 여행이면 더욱 좋다. 그 중 오키나와 경험이 많은 사람 한 명이 포함되면 가장 좋다. 사실 이번 여행은 이 모든 조건을 갖춘, 나에게는 더없이 완벽한 여행이었다. "세 번째는 진짜다三度目の正直"라는 일본 속담처럼 지금까지 오키나와를 방문하지 못했다는 작은 부채 의식이 오히려 이번 여행에 탄력을 더해준 것 같다. 그래서 나는 마음에 드는 일행 일곱 명과 함께 2013년 2월 19일부터 4박 5일간의 오키나와 평화 기행을 떠났다.

북부, 오키나와 안의 주변부

공항을 빠져나오자마자 차를 타고 오키나와 북부 나고名護를 향했다. 나고시는 2000년에 G8정상회담이 개최된 곳이자 후텐마普天間 비행장 이전 문제 때문에 뜨거운 감자로 떠오른 헤노코辺野古 지역이 있는 곳이다.

남북으로 길게 뻗은 오키나와 본섬을 종단하면서 행정과 산업의 중심인 남부, 미군 기지 대부분이 집중된 중부, 농지와 인구가 희박한 과소 지역이 많은 북부 지역의 차이를 확실하게 느낄 수 있었다. 나하 시내에서 중부로 빠져나오는 국도를 달리자 점점 풍경이 살벌하게 변

했다. 도중에 오키나와 최대의 실탄사격훈련장 '캠프 한센'을 지나게 되었다. 훈련장과 도로와의 거리가 겨우 200m밖에 되지 않는다는 사실이 무척 놀라웠다. "유탄 주의! 미군 실탄 사격 훈련 중"이라고 주민

〈그림 8〉 캠프 한센 주위에 주민이 설치한 "유탄 주의! 미군 실탄사격 훈련 중"이라고 적힌 현수막

들이 쓴 글씨가 적힌 간판이 그들의 생활을 위협하는 미군 기지의 존재감을 실감하게 했다. 나고를 지나 북쪽으로 올라갈수록 황량한 풍경이 눈에 띄었다. 밀림 같은 곳에 폐허로 남은 건물들을 보니 섬뜩한 기분이 들기도 했다. 과연 이곳에 사람들이 살고 있는지, 살고 있다면 무슨 일을 하며 먹고살고 있는지 궁금했다.

오키나와의 평균 소득이 일본 본토의 70% 수준이라는 것은 이미 알려진 사실이다. 오키나와 내부에서도 수도 나하에 인구 40%가 집중되어 있기 때문에 지역 내 격차가 심각한 문제로 제기되고 있다. 경제 수준이 가장 낮은 북부 지역은 해안가 고급 리조트 지역과 기타 과소 지역으로 나뉘어 격차가 또 다른 격차를 낳게 되는 구조다. 그와 같은 불균등한 지역 발전은 눈으로 느낄 수 있을 정도였다.

오키나와 전투로 사회 기반이 파괴된 후 27년간 미군 통치 아

래 놓인 오키나와는 기지 경제에 의존할 수밖에 없었다. 이를 시정하기 위해 경제 진흥책이 실시되기도 했고, 특히 북부 지역에는 2000년 이후 거액의 정부 지원금이 투입되었다. 이 지원금은 중부 후텐마 기지의 북부 이전을 추진하는 근거가 되었다.

다음 날 우리는 나하 시내 관광을 미루고 북부 지역을 더 돌아보기로 했다. 최종 목적지는 오키나와 본도 최북단에 있는 헤도미사키辺戸岬였다. 해안 절벽에 거친 파도가 장관인 이곳에서는 날씨 좋은 날에는 요론섬与論島을 포함한 아마미군도奄美諸島를 볼 수 있다. 주변에는 폐허가 된 휴게소가 있을 뿐 식당도 매점도 찾을 수 없었다. 본토 여행자 중에서도 마니아들만 다녀가는 헤도미사키를 일부러 찾아온 것은 이곳에 새겨진 역사의 흔적을 확인하기 위해서였다.

일본 본토에 가장 가까운 이곳에서 1960년대 조국 '복귀'를 기원하는 오키나와 민중들의 궐기 대회가 매년 열렸다. 그들은 이곳에서 1953년에 본토 '복귀'를 이룬 요론 섬을 향해 오키나와의 '조국복귀'를 기원하여 밤에 화톳불을 피웠다. '복귀' 후 1976년에는 '조국복귀투쟁비'가 이곳에 세워졌다. 오키나와의 본토 '복귀'를 기념하여 세워졌다는 가이드북의 내용과는 달리 투쟁비에는 다음과 같은 글이 새겨져 있었다.

전국, 그리고 전 세계 벗들에게 바친다. 휘몰아치는 바람 소리에 귀를 기울여라. 권력에 저항하여 복귀를 이룩한 대중들의 건배 소리다. 몰아닥치는 노도의 울림을 들어라. 전쟁을 거부하고 평화와 인간 해방을 향한 외침이다. (…중략…) 1972년 5월 15일, 오키나와의 조국 복귀는 실현되었다. 그러나 평화에 대한 주민들의 염원은 이뤄지지 않은 채 거꾸로 일·미 국가권력의 자의적인 군사력 강화에 이용되었다. 따라서 이 비는 기쁨을 표명하기 위해 있는 것도 아니고, 하물며 승리를 기념하기 위해 있는 것도 아니다. 투쟁을 돌이켜보며, 대중들이 서로 신뢰하고 자신의 힘을 확인하고 새로 다짐하기 위한 것이며 인류가 영원히 생존하고 살아 있는 모든 것들이 자연의 섭리 아래 살아남도록 경종을 울리기 위한 것이다.

오키나와에서는 1950년대부터 다양한 내용을 가진 '복귀 운동'이 일어났으며 1960년에는 미·일 안보체제 반대를 강력히 내세운 조국복귀협의회가 결성되어 운동을 이끌었다. 그런데 과연 그들에게 '조국 복귀'는 무엇을 의미했을까. 조국, 즉 일본으로의 '복귀'를 외치는 오키나와 민중들의 노선은 얼핏 봐서는 온전히 이해가 되지 않는다. 근대 이후 항상 본토의 희생양이 되기를 강요받았던 오키나와 인들에게 일본으로의 귀속은 어떻게 정당화될 수 있었는가. 애초부터 제한된 선택지 속에서 민족의 자립을 걸었던 우치난추들의 투기投企를, 오키나와의 주변부에서 본토를 향해 던진 그들의 운명을 쓸쓸함과 함께 이해하고자 했다.

〈그림 9〉 오키나와의 본토 복귀 후 1976년에 세워진 '조국복귀투쟁비'

남부, 평화에 가려진 희생

너무 성급하게 다가가려고 했는지도 모른다. 나하 시내 호텔에서 짐을 푼 다음 날, 우리는 오키나와 근대사의 흔적을 확인하러 남부를 향했다. 최남단의 이토만系滿시에는 오키나와 전투와 관련해서 중요한 유적 히메유리 탑과 국립 평화기념공원이 있다. 그 전날 새벽까지 마신 아와모리(오키나와 전통 소주) 때문에 머리가 지끈지끈했지만 평화기념공원에 도착해보니 정신이 번쩍 들었다. 넓은 부지에 마치 태평양 앞바다에 세워진 휴양지나 골프장과 같은 외관은, 고립된 최북단의 헤도미사키와는 너무 대조적이었다.

공원에 들어서자마자 눈에 띈 것은 우치난추가 아닌 한국인을 위한 위령탑이었다. 무덤 모양의 이 위령탑은 박정희 정권이 1975년 8월 광복 30주년을 기념해 설립한 것이었다. 박정희 정권은 북한과 '총련'이 오키나와 현지 조사를 시작했다는 소식을 듣고 이를 저지하기 위해 급히 위령탑을 세웠다. 위령탑에는 오키나와 전투에 투입된 1만 명 이상의 한국인들 중 당시 확인된 313명만 기록되어 있는데, 북한의 오키나와 침투를 막기 위해 급하게 만들어졌기 때문에 이 탑의 의미는 반쪽짜리 '위령'으로 축소되어 있다.

평화기념자료관은 호텔 같은 외관과 달리 상당히 볼거리가 많았다. 여기서 자세히 서술할 수는 없지만 특히 중일전쟁 이후 일본이 추진한 황민화 정책이나 남진 정책의 내용을 직접 전시로 접한 것은 처음이었다. 물론 이는 내게 비교하거나 참조할 만한 정보가 없었기 때문인지도 모른다. 생각해보면 나는 히로시마, 나가사키의 평화기념관에도 가보지 못했다.

나중에 찾아보니 2000년의 G8 개최를 앞둔 1999년, 현 지사의 의지로 일본군의 가학 장면이 담긴 전시물을 "반일적이지 않게" 왜곡한 사건이 있었다는 것을 알게 되었다. 국가가 만든 '평화'의 한계는 곳곳에서 찾을 수 있었다. 일본에서든 한국에서든 누가 누구를 향해 무엇을 기념하는가의 문제는 여전히 정치적 사안일 수밖에 없다.

한쪽에 바다가 보이는 넓은 정원에 나가니 오키나와 전투에서 희생된 군인과 군속, 민간인들의 이름을 각 국가별로 새겨놓은 '평화의 초석'이 있었다. 그런데 놀랍게도 조선인 희생자들의 소속이 대한민국과 조선민주주의인민공화국으로 나뉘어져 있었다. 도대체 1945년 이전의 오키나와 전투 희생자들을 어떻게 남과 북으로 나눌 수 있단 말인가? 출신지로 구분한 것인가?

그날 저녁 가진 교류 모임에서 나는 이에 대한 단서를 얻을 수 있었다. 우리를 초대한 것은 '한恨의 비석 건립을 추진하는 모임'으로 오키나와 전투에 징발된 한반도 출신자들의 진상 규명을 위해 활동하고 있었다. 조선인 희생자들을 추모하는 '한의 비석'은 오키나와 전투 생존자인 강인창 씨의 호소를 계기로 1999년 경북 영양군 언덕에 제1호가 세워졌고, 2006년 오키나와 중부 요미탄読谷에

제2호가 세워졌다. 경상도와 오키나와 시민들의 활동을 처음 접한 우리는 푸짐한 오키나와 요리와 화려한 환대에 그저 부끄럽고 죄송하기만 했다.

한일 시민들의 노력으로 현재 경상북도에서 오키나와로 동원된 2,815명의 명부가 밝혀졌다. 오키나와 현 홈페이지에 공개된 '평화의 초석'에 새겨진 희생자는 대한민국 341명, 조선민주주의인민공화국 82명밖에 되지 않는다. 2004년 이후로는 추가 조사조차 실시되지 않았다. 남북한을 나눠 이름을 새긴 것은 남북 정부가 희생자들을 따로 인정한 결과라고 했다.

대표 아사토安里 씨는 "오키나와 인 희생자들에 대한 진상 규명은 많이 진전됐지만 한반도 출신자에 대한 규명은 여전히 가려져 있다. 우리의 몫이다"라고 강한 어조로 말했다. 또 60대를 넘긴 어떤 여성은 매일 아침 같은 시각에 후텐마 기지 앞에서 기지 반대 시위를 벌인다고 했다. 그들의 열정에 압도당하면서 평화를 향한 일상 투쟁의 의미를 다시금 생각했다.

중부, 경관과 소리의 위협

전날에 받은 환대를 떠올리면서 중부 요미탄을 향했다. 오키나와 전투 최대의 비극인 '집단 자결' 현장 '치비치리가마'의 흔적을 확인하기 위해서였다. '가마'란 오키나와 말로 자연 동굴을 뜻하며 오키나와 전투에서 주민들의 피난소로 자주 이용되었다. 1945년 4월 치비치리가마에서 생활하던 요미탄 주민 약 140명을 미군이 포위하자 극도의 긴장 상태였던 가마 내 주민들 반수 이상이 스스로 목숨을 끊었다. 아니, 정확하게는 적과의 대치 상황에서 죽음을 강요당한 것이었다. 그 어떤 상상을 하더라도 그것을 초월하는 압도적인 현실이 그곳에 존재하고 있었다. 그 잔인함과 비극성에 대해선 여기서 더 이상 서술할 여유가 없다.

우리는 전날에 들은 '한의 비석'을 직접 찾아가보기로 했다. 이

〈그림 10〉 손이 묶여 연행되는 조선인 노동자와 총을 든 일본군, 그리고 어머니를 표현한 '한(恨)의 비석'

리저리 돌아다니다가 드디어 바닷가 작은 언덕에 아담하면서도 강렬한 모습을 한 비석을 찾을 수 있었다. 류큐琉球 석탄암으로 만든 비석은 바다를 향해 45도 각도로 기울어져 있었다. 손이 묶여 연행되는 조선인 노동자와 총을 든 일본군, 다리를 붙잡고 통곡하는 어머니의 모습을 담은 돋을새김은 역사의 풍화를 거부했다. "열두 명의 동포들이 일본군에 의해 총살당하는 것을 목격했다"는 생존자 강인창 씨의 증언이 비석에 반영된 것이다.

치비치리가마의 비극과 조선인들의 희생. 요미탄을 나오면서 그들의 영혼이 그곳에 방치되지 않기를 기원했다. 국가에 의해 버려졌다가 나중에 국가가 인정하지도 않는 희생을 우리는 수없이 알고 있다. 이들을 추모하고 기억하는 공통의 감각을 키움으로써 처음으로 오키나와와 한반도를 잇는 선을 보다 굵은 것으로 만들 수 있을 것이다.

여행의 마지막 코스는 기지가 집중된 중부 지역이었다. 가데나嘉手納 미공군기지는 일본군이 오키나와 전투에 대비해 만든 공군 기지를 확대해 재활용한 것으로 동아시아 최대 규모다. 활주로 바로 앞 휴게소 전망대에서 바라보면 기지는 하나의 도시 같았다. 이것은 일상생활을 침범하는 폭력의 경관이었다. 우리는 한적하게 점심을 먹는 도중에 갑자기 귀를 찌르는 항공기 폭음 소리에 깜짝 놀랐다. 하지만 그보다 더 놀랍고 안타까웠던 것은 우리 옆에서 아무렇지 않게 밥을 먹는 주민들의 모습이었다. 중첩된 모순

은 구조화되면서 어느새 일상
이 된다. 그러나 기지는 바로
앞에서 내 눈을, 내 귀를 위협
하고 있었다. 여행 내내 날씨가
좋지 않았지만, 전망대에서 본
하늘은 그날따라 유난히 더 흐
려 보였다.

〈그림 11〉 도시 한복판에 자리 잡은 '세상에서 가장 위험한 기지' 후텐마 기지

일본의 미군 전용 시설의 74%가 있는 오키나와. 이것이 일본 '복귀' 후 40년 이상 지난 오키나와의 현실이다. 기지와 공존하는 오키나와의 모습은 구체적인 모순을 적나라하게 보여준다. 현재 중부 기노완宜野湾시 한복판에 자리 잡은 후텐마 기지(〈그림 11〉)의 헤노코 이전 문제가 본격적으로 논의되고 있다. 주택가에 인접한 "세상에서 가장 위험한 기지"는 현재 다른 희생 지역을 찾고 있다. 일본에서, 동아시아에서 이처럼 신체적 위협에 노출된 장소가 또 있을까. 우리는 오키나와를 통해 평화적 생존권이라는 공통의 문제를 발견하고 과거 청산의 사회화라는 미완의 과제를 생각했다. 주권의 의미를 다시 물어보고 끈질긴 일상투쟁이 가지는 힘을 되새겨보았다. 오키나와 문제는 이제 호기심의 대상이 아닌 우리의 몫이 되었다.

8

안전의 경계와 (비)가시화되는 신체
팬데믹과 소수자 인권

조경희

'안전'의 경계에 놓인 재외동포와 이주민

코로나19 사태가 장기화되는 상황에서 한국의 'K-방역의 성공'에 대해 다각적인 진단이 이루어지고 있다.[1] 필자가 볼 때 한국의 코로나 대책은 주민등록번호, 휴대전화번호, 신용카드, 건강보험 내역이 통합된 개인정보의 강력한 인프라가 일상적으로 작동하고 있었기 때문에 가능했다. 다시 말해 신용카드 사용처와 감시카메라를 통해 감염자의 이동경로를 파악하고 접촉한 사람들을 찾아내 격리하는 작업이 비교적 순조롭게 가능했던 것은 개인정

---

1 예컨대 황정아·백영경·김현우 외, 『코로나 팬데믹과 한국의 길』, 창비, 2021; 김재형, 「K-방역, K-민주주의, 그리고 K-민족주의」, *Issue and Review on Democracy* 58, 민주화운동기념사업회, 2021.3.

보에 접근할 수 있는 행정 시스템과 그것을 자연스럽게 받아들이는 시민들의 생활 감각이 있었기 때문이었다. 질병관리본부의 부단한 노력을 보면서 시민들 사이에는 정부와 보건당국에 대한 신뢰가 형성되었다. 생명을 위협하는 자유보다는 감시당하는 안전이 더욱 정당하고 현명하다는 담론이 형성되었고, 개인정보를 제공하는 것은 한국사회에서 이미 익숙한 일상이기도 했다.

이 시점에 K-방역의 강력한 안전망에서 벗어나 있는 사람들에 대해 관심을 환기하는 작업은 중요하다. 여기서 초점을 맞추려는 것은 국내 재외동포와 이주민의 존재다. 한국의 선진적인 코로나 대책 이면에 소수자들의 안전과 인권문제는 여전히 예외적이거나 우선순위가 낮은 사례로 인식되었다. 행정망에서 애초부터 제외되어 있는 사람들에 대해 일반시민들은 상상 이상으로 둔감하거나 무관심했다. 행정망에서 제외된 사람들에게는 또다시 제기하고 공론화해야 하는 반복적인 문제로 인식되고 있다.

이와 같은 문제를 공유하기 위해 성공회대 동아시아연구소는 2020년 7월 활동가들과 함께 "코로나 이후 한국사회와 재외동포 / 이주민"이라는 토론회를 개최하였다. 한국 내 거주하는 재일조선인, 조선족, 고려인, 이주민들의 현실을 함께 논의했다는 점에서 의미가 깊은 자리였다. 그러나 동시에 각 집단이 직면한 문제의 차이를 다시 확인하는 계기가 되었다. 이 글에서는 확인된 문제의 차이를 인정하면서 코로나 대책의 사각지대에 초점을 맞추려고 한다. 재난시에 재외동포 및 이주민의 존재가 어떻게 외부화되고 비가시화되었는가? 또 반대로 그들은 어떻게 과도하게 가시화되거나 혐오대상으로 낙인찍히는가?

〈그림 12〉 2020년 7월에 개최된 토론회 "코로나 이후 한국사회와 재외동포 / 이주민"의 모습

한국 거주 재외동포와 이주민의 존재

우선 한국에서 '내국인', '재외동포', '외국인' 범주에 대해 간략히 언급하고자 한다. 한반도는 근대 초기부터 구조적으로 해외 이주자를 다수 배출해왔다. 식민지 시대에 일본이나 중국, 러시아

지역으로 흩어져간 사람들은 물론 해방 후에도 한국전쟁으로 인한 피난민이 발생했고 그 후 정책적으로 '선진국'으로의 해외이주를 장려했다. 코리안 디아스포라의 수는 대략 700만 명이 넘는 것으로 알려져 있다.

1990년대 이후 한국의 민주화와 글로벌화의 진행과정에서 해외이주자와 그 후손들이 다시 한국으로 '귀환'하기 시작했다. 탈냉전 상황에서 중국과 러시아 등과 국교가 정상화되자 중국 '조선족'과 CIS지역의 '고려인'들이 한국으로 급속히 유입하기 시작했다. 이전까지 재외동포는 기본적으로 부유한 나라에 사는 동포들을 가리켰고 반공체제하 정치경제적 동원의 대상이기도 하였지만 한국 사회의 재외동포 인식도 점차 바뀌기 시작했다. 1993년의 '신교포정책'에 따라 "모국과의 정신적 유대"가 강조되었고, 1997년 재외동포재단의 설립과 1999년 재외동포법의 제정 등 정부는 재외동포정책의 체계를 정비하기 시작했다. 이상과 같은 시대적 변화는 재외동포의 일시적인 한국 왕래뿐만 아니라 중장기적인 한국거주, 즉 귀환이주return migration를 촉진했다.

그런데 재외동포법은 재외동포의 범주를 ① 한국적을 가진 '재외국민'과 ② 외국적을 가진 '외국적동포'로 구분했다. 국적을 기준으로 제도가 설계되어 있어 한국적을 유지한 재일조선인의 경우 재외국민에 해당됨으로 출입국과 비자 문제에서 자유로운 한편 중국 CIS지역의 외국적동포들은 제도와 인식의 양면에서 상대적으로 보다 불안정한 위치에 있다. 코로나 상황에서 재외동포들 내부에도 많은 경계가 존재한다는 점이 밝혀지고 있다.

한편 재외동포의 귀환보다 조금 늦게 동남아에서의 이주노동자들도 증가했다. 1998년에 30만 명 정도에 불과했던 거주외국인은 2004년에는 75만 명, 2012년에는 145만 명, 2019년에는 최고치인 252만 4,656명(인구비 4.87%)을 기록했다. 한국에서는 경제성장과 민주화 이후 그다지 많은 시간이 걸리지 않고 이주노동자가 증가했고, 그 결과 시민사회의 합의 과정을 거치지 않고 정부주도의 다문화주의가 추진된 측면이 있다. 재외동포와 이주민들은 혈통과 국적을 기준으로 범주상 구분되어 왔지만, 재일조선인, 조선족, 고려인, 이주노동자, 미등록이주민은 한국의 국민중심 안전망의 외부에 놓여 있다는 점에서 문제의 본질은 연속적이라 할 수 있다 (〈표 1〉 참고). 코로나 이후 안전의 경계와 질서는 더 선명해졌다.

〈표 1〉 한국에서의 내국인 · 재외동포 · 외국인의 범주

법적 (사회적) 개념	내국인	재외동포		외국인(이주민)		
		재외국민 (해외영주권자)	외국적동포 (해외시민권자)	결혼 이민자	외국인 근로자	유학생
주된 해당집단	재일조선인		조선족－고려인	이주민		
국적	한국		외국			
신분	주민등록	재외국민 주민등록	국내거소신고	외국인등록		

코로나 초기 이동의 통제

2020년 1월 코로나 바이러스가 발견된 이후 법무부 출입국외국인정책본부는 감염방지를 위해 다음과 같은 대책을 세웠다(아래 내용은 법무부 '보도자료'를 바탕으로 정리). 우선 출입국 제한 조치로서 중국 후베이성에서 외국인 입국을 금지하고 중국, 홍콩, 마카오, 일본, 이탈리아, 이란 기타 유럽지역에서 들어오는 입국자의 비자심사를 강화함과 동시에 모든 입국자에 대해 2주간의 체온측정 결과를 어플에 입력하는 등 특별입국 절차를 실시하였다. 또 4월 이후 모든 입국자에 대해 2주간의 자가격리를 의무화하였다. 공항 입국검역 단계에서 증상이 나타난 경우 검사를 실시했으며, 양성의 경우 병원 혹은 생활치료센터로 이송했다. 검사비와 치료비는 무료이며 생활비는 자비로 지출하게 했다.

법무부는 1월 말부터 7월까지 감염 확대를 방지하기 위한 목적으로 60통의 출입국관리대책을 보도자료를 통해 발표했다. 지역사회 확산을 최소화하기 위해 정부 및 법무부가 취한 방침을 정리한다면 ① 외국인의 공공기관 방문 회피, ② 체류기간의 연장과 그 절차의 온라인화, 그리고 ③ 미등록체류자의 자주출국 유도 등이다.

특히 미등록체류자에 대해 법무부는 조기단계에서 대책을 세우려고 했다. 1월 말 질병관리본부와의 연계하에 출입국관리법의 '통보의무면제제도'를 운영했다. 미등록 체류자가 안심하고 검사를 받을 수 있도록 의료기관이 피검사자의 신원정보를 출입국관리소에 신고할 의무를 면제한다는 것이다. 또 3월 미

⚠ 긴급재난문자　　　어제 오후 6:00
긴급재난문자
[보건복지부] 체류자격 없는 외국인에 대해 강제출국 걱정 없이 무료로 코로나19 검사를 실시합니다. 증상이 있으면 전화 1339나 보건소로 문의 바랍니다.

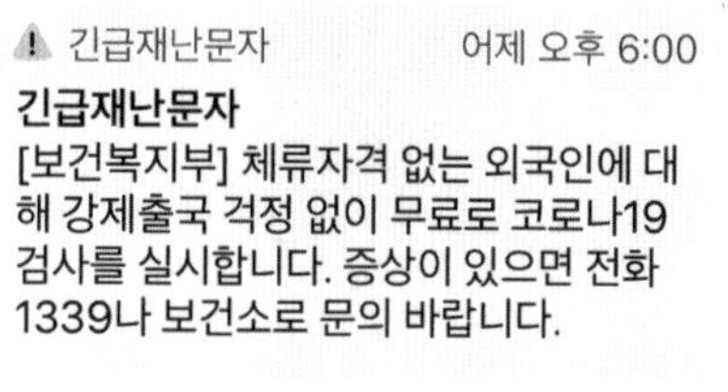

〈그림 13〉 보건복지부가 외국적 이주민에게 보낸 메시지

등록 체류자에 대해 '온라인사전신고제'를 도입해 출국 3일 전까지 온라인신고를 마치면 출입국관리사무소를 방문할 필요 없이 공항에서 출국절차가 가능해졌다. 6월 말까지 자주 출국할 경우 입국금지 및 벌금을 면제하여 출국 후 3개월에서 6개월 후에는 단기방문 비자로 재입국할 수 있도록 했다. 이와 같은 특별조치를 통해 미등록 체류자의 자주출국을 유도하는 것이 '공중보건의 사각지대 방지'를 위한 급무라는 점이 거듭 강조되었다.

중국 포비아 – 가시화되는 사람들

2019년 통계에 따르면 총 외국인 수는 2,524,656명으로 인구 대비 비율은 최고치인 4.87%였다. 그중에서도 압도적인 다수를 차지하는 사람들이 중국 국적자이며, 그중 중국 조선족은 719,269명, 전체 외국인 인구의 3분의 1을 차지한다. 중국 우한에서 우한에서 시작한 것으로 알려진 코로나 바이러스는 국내 조선족

사회에도 큰 충격을 가져왔다. 특히 중국과의 왕래가 빈번한 조선족 동포들에게 코로나에 의한 국경의 제한은 그대로 생활권의 차단으로 이어졌다.

〈표 2〉 2019년 12월 현재의 출입국통계 개요[2]

	체류외국인	외국적동포	결혼이민
총수	2,524,656	878,439	166,025
국적별 중국	1,101,782	719,269	60,324
베트남	224,518		44,172
태국	209,909		5,130
미국	156,982	45,655	3,883
일본	86,196	826	14,184
우즈베키스탄	75,320	36,752	2,688
필리핀	62,398		12,030
러시아	61,427	28,020	1,668

코로나 이전부터 문제가 되었던 중국조선족에 대한 차별과 혐오는 코로나 이후 더 확대되었다. 코로나 발생 직후부터 보수 정치인과 보수 언론은 '우한폐렴'이라는 용어를 반복했고, 중국과의 국경을 폐쇄하지 않았던 문재인 정부에 대한 공격 재료로 중국 포비아를 동원했다. 1월 23일에는 중국인의 입국금지를 요구하는 국민청원이 시작되었다. 3일 만에 20만 명을 돌파해 한 달 후에는 76만 명에 달했다. 또한 중국의 음식문화에 대한 비난과 혐오 그

---

2 법무부, 『출입국통계』(2020)를 바탕으로 필자 작성.

리고 팬데믹에 대한 중국인의 책임을 추궁하는 목소리가 높아졌다. 차이나타운과 대림동 등 조선족 집거지에 대해서도 위험하고 비위생적 공간으로 취급하는 혐오적 정보가 미디어나 SNS를 통해 확산되었다.

〈그림 14〉 서울 시내 식당 입구에 붙은 "중국인출입금지" 문구

초기에 종교단체 '신천지'나 인근지역의 청도 정신병원에서 집단감염이 발생했을 때 조선족 신도나 조선족 간병인으로부터 감염이 발생했다고 보도되었다. '신천지'는 이전부터 중국에서의 선교를 열심히 전개했고, 신도 중 조선족들도 다수 포함되어있다. 또한 수도권에서 간병인과 가정부의 80%는 조선족들이다. 이처럼 그럴싸한 미확인 정보가 전해졌고, 심지어는 중국인과 조선족이 한국여론을 조작한다는 음모론으로까지 발전했다.

또한 교육과 육아 관련 커뮤니티 사이트에는 중국인과 조선족들이 많이 사는 지역의 주민들이 보육원과 학교에 아이를 보내는 것에 대한 불안을 호소하는 글들이 다수 올라왔다. 특히 조선족 집거지역인 대림동과 가리봉동의 보육원에서는 한국인 아이들의 결석이 잇달았다. 조선족 아이들의 등교를 제한하자는 차별적 분위기가 조성되었다. 반면 조선족 커뮤니티에서도 한국사회에 대한 반감이 형성되기 시작했다고 한다.[3] 물론 이에 대처하는 움직임도 신속하게 일어났다. 구로구에서는 중국인과 조선족을 포함한 단체 활동가들이 함께 다문화 모니터링단을 구성하고 국가별 거주자 모임에 코로나 예방법과 대응수칙을 알리는 활동을 벌였다「매일신보」, 2020.2.4. 또 국가인권위원회가 조선족 커뮤니티를 방문해 차별반대와 상호연대를 호소하는 등 중국인과 조선족에 대한 포비아 확산에 대한 사회적인 위기감이 공유되었다고 할 수 있다.

위와 같은 가짜뉴스는 팬데믹에 두려워하기만 했던 초기단계에 많이 나타났고, 코로나가 장기화되어 생활방역체제가 확립되는 과정에서 점차 사라져갔던 것으로 보인다. 그러나 역사적으로도 팬데믹과 제노포비아가 연결되는 사례들을 많이 찾을 수 있는 것처럼 팬데믹은 바이러스의 원인과 책임을 타자에게 귀착시킴으로써 스스로의 안전을 확보하도록 유도한다. 감염에 대한 불안과 공포를 타자에 대한 포비아로 해소하는 것은 우리가 가장 빠지기 쉬

---

3   성공회대 동아시아연구소, 『사회토론회 〈코로나 이후 한국사회와 재외동포 / 이주민〉 자료집』 참조.

운 혐오의 정동이라는 점을 잊어서는 안 된다.

배제의 연쇄 – 비가시화되는 사람들

조선족만큼 강력한 커뮤니티가 없거나 한국문화와 상대적으로 거리가 먼 고려인과 이주민들의 경우, 경제문제와 언어문제가 밀접하게 연동되고 있다. 단순노동자로서 가장 먼저 해고와 자주휴직 대상이 되어 경제적 궁핍에 노출될 뿐만 아니라 보험료나 통신비도 체납되면서 기본적인 안전망에서 벗어나는 경우가 적지 않다. 비자문제 등으로 출국–재입국할 경우 자가격리로 인해 경제활동이 불가능해지고 원룸에서 가족들이 격리 불가능한 상황에 놓여진다. 생활상의 피난소나 쉼터가 절실히 필요한 상황이다.

고려인의 경우 재외동포 중에서도 한국어가 서투른 경우가 많으며 한국사회에서 나날이 갱신되는 온라인 시스템에 적응하지 못하는 경우가 많다.[4] 자녀들은 언어의 문제와 동시에 IT장비나 기술의 부재로 인해 온라인 수업에서도 소외된다. 경제문제는 실업, 보육, 교육에 영향을 미치고 학습지체가 언어습득의 어려움으로도 이어지는 악순환을 형성하게 된다.

---

4   고려인에 관한 내용은 위의 자료집 참조.

코로나 이후 한국정부는 외국인 정착을 위한 사회통합 프로그램을 중단해 온라인교육으로 이행했으며 영어, 중국어, 베트남어 등 20개국 언어로 운영하던 외국인종합안내 센터를 24시간체제로 전환하여 질병관리본부와의 연계하에 통역 서비스를 실시했다. 그러나 검사와 자가격리에 관한 세부적인 내용까지 이주민들에게 전달이 안 된다는 점이 보고되었다.

항공편이 끊기면서 '불법' 상태가 된 이주민들도 증가하고 있다. 앞서 본 것처럼 법무부는 미등록자가 안심해서 검사를 받을 수 있도록 피검사자의 신원정보를 출입국관리소에 신고할 의무에서 보건소를 면제했다. 다만 이주민들 중에는 정부의 단속유예 방침을 믿지 않는 사람들도 많다. 예를 들어 건강보험이 없는 미등록자는 검사 비용을 지불해야 한다, 양성의 경우는 추방된다는 등의 소문이 돌았고, 감염자의 동선이 노출되는 모습을 보고 자신들도 불이익을 당할 수 있다는 생각으로 검사를 회피하는 경향이 보고되었다『한겨레』, 2020.6.1. 평소 단속의 불안 속에서 기록이 남기를 꺼려하는 미등록자들이 더 불안해진 팬데믹하에서 출입국관리 당국의 감언을 그대로 믿을 수는 없는 것은 어쩌면 당연한 것일지 모른다.

등록·미등록에 관계없이 코로나 이후 이주민들은 직장에서 해고되거나 열악한 작업장과 기숙사에서의 수용과 집단생활을 하는 등 사회적 거리두기가 불가능한 위험한 상태에 놓여있다. 특히 외국인 등록증도 건강보험도 없는 미등록자의 경우 초기에는 공공 마스크 구입조차 못하고 최소한의 안전망에서도 제외되었다. 팬데믹은 모두가 같은 배를 탄 것이라 하지만 한번 외부에 놓인 사람들에게 안전한 장소home를 되찾는 일은 점점 어려워지고 있다.

국민 – 남성 중심주의

경기도에서는 2020년 3월 선구적으로 재난기본소득 지급을 결정했지만 "도민 전원을 대상"한다는 대대적인 선전문구에 "외국인은 제외"라는 단서조항이 포함되었다. 경기도는 이주노동자들이 가장 많이 거주하는 지역이다. 이주민 지원 단체의 항의로 경기도는 한국인과 결혼한 혹은 영주권을 취득한 이주민에 한해 지원대상에 포함시켰지만, 그 외 일반이주민들은 제외했다. 국민이 될 수 있는 사람에게만 자격을 부여하는 국민주의적 시책은 지금도 한국의 다문화주의 정책의 바탕이 되고 있다.

서울시에서도 한국적을 가진 재일조선인들이 일본 영주권이 있다는 이유로 재난지원금이 거부되었다. 필자와 평소에 함께 일하는 활동가들이 네트워크를 이용해 서울시의 행정담당자에게 시정요구를 하고 그 내용을 언론에 올린 결과, 서울시의 정책은 신속하게 변경되었다. 외국인 주민에 재난 지원금을 지급하지 않는 것을

'평등권 침해'라고 판단한 국가인권위원회의 권고를 받아 결과적으로 서울시는 외국인 모두를 포함한 전 시민 지원금의 대상을 확대 결정했다. 전국에서 외국인 인구가 가장 많은 안산시나 부천시도 마찬

〈그림 15〉 이주민들과 지원단체가 진행한 재난지원금을 요구하는 기자회견 ©민중의 소리

가지로 모든 시민에게 지원을 확대했다.

이와 같은 사례들은 의도적인 배제는 아니지만, 전적으로 무지와 무관심의 표현이다. 이것은 재외동포나 이주민을 지역 주민으로서 정당하게 인정하지 않는 정부와 지자체의 정책적 태만의 결과이기도 하다. 여전히 당사자들의 호소와 고발에 의존하는 현실 자체가 주민으로서의 인권을 침해하고 있다. 내국인을 핵심으로 하고 그 주변부에 재외동포, 탈북자, 결혼이민자, 이주노동자, 난민 등을 조건부로 배치하는 선별적이고 위계화된 주민관리 체계는 끊임없이 자격미달인 '잉여주민'을 만들게 될 뿐이다. 국민주의를 벗어나 거주를 바탕으로 한 주민권의 논리를 구축할 필요가 있다.

또한 국민주의 원리와 함께 심각했던 것은 정부가 재난지원금 신청자격을 개개인이 아니라 세대주로 정한 점이다. 이에 따라 이혼이 성립되지 않는 여성들, 세대주의 폭력과 학대를 피해 별거중인 여성과 아이들에게 지원금이 전달되지 않는 사례들이 많았다. 지원금 지급대상을 소득하위 70%에 한정할 것인가, 국민전체로 확대할 것인가 논란이 많았지만, 어느 쪽이든 세대주 중심이라는 가부장제 논리에서 벗어날 수 없었다. 그것은 행정적 효율성의 논리이기도 했으나 결과적으로 가장 필요한 사람들에게 지원이 닿지 않는 현실이 노출된 것이다. 국민–남성중심 세대의 기준에서 개개인을 기준으로 한 보편적 복지로의 전환 또한 팬데믹 시대 긴급한 과제이다.

다수의 안전과 소수자 인권의 관계

이처럼 한국의 방역우선주의는 한편에서 여성과 소수자 인권의 관점에서 점검되어야 할 부분이 많다. 이태원의 성소수자 클럽에서의 집단감염과 동선 공개 또한 방역과 인권을 생각하는데 간과할 수 없는 문제를 포함하고 있다. '게이 클럽'이라는 말이 언론에서도 사용되면서 마치 감염의 원인이 그들의 섹슈얼리티에 있는 것처럼 정보가 조작되었다. 조선족에 대한 제노포비아와 마찬가지로 성소수자는 '감염'이라는 이미지와 결합된 과잉된 시선의 타깃이 되었다. 그들을 타자화하고 오염시켜 스스로의 감염의 공포와 불안을 전가하려고 했던 것이다.

흥미로운 것은 정부가 팬데믹 상황에서 발생하는 소수자에 대한 낙인과 혐오에 나름 민감하게 대처해왔다는 점이다. 예컨대 정세균 국무총리는 미등록 이주민에 대해 "이들을 불법체류자로 내몰고 단속할 경우에는 깊숙하게 숨기 때문에 오히려 사각지대가 더 커질 우려가 있다"고 하면서 출입국관리보다는 방역의 관점에서 접근할 필요성을 호소했다_{국무조사실, 2020.4.29}. 또한 성소수자에 대해서도 "특정 커뮤니티에 대한 비난은 적어도 방역의 관점에서는 도움이 되지 않는다"고 강조했다『연합뉴스』, 2020.5.1. 지금까지 공식적으로 사용해온 '불법체류자'라는 용어를 '미등록 체류자'로 바꾸거나 성소수자에 대해 '특정 커뮤니티'라는 표현을 사용하는 것은 코로나 상황에서 나타난 적극적인 변화다.

이와 같은 배려를 환영하면서도, 인권활동가들 사이에서는 다른 목소리도 들려온다. LGBT에 대한 차별금지 항목을 포함한 차별금지법 논의를 10년 넘게 질질 끌었던 상황이나, 그동안의 미등록 이주민을 법적 보호에서 배제했던 정책과 관행을 생각한다면 정부가 차별과 혐오를 자제하자고 호소하는 것이 "기이한 형국"이라는 지적이다.[5] 이 지적은 팬데믹과 소수자 인권을 생각할 때 본질적으로 중요한 관점을 포함하고 있다. 한국정부의 소수자에 대한 배려는 방역 사각지대를 가시화하기 위한 가장 합리적인 선택

---

5   황필규, "[세상읽기] 코로나19 : '미등록'과 '커뮤니티'의 탄생", 『한겨레』, 2020.5.14.

그 이상이 아니다. 재난 시에 소수자들의 의료 접근성이 중요해지는 사실은 그것이 그들의 인권보다는 대다수의 시민들의 안전을 위한 것이라는 것을 말해주고 있다. 그런데 '우리'와 '그들'사이에 경계를 설정할 때 시민의 안전과 소수자의 인권은 언제든지 충돌될 수 있다. 팬데믹 상황에서 안전은 무엇보다 우선되어야 하지만, 동시에 팬데믹과 무관하게 소수자들의 인권은 늘 그 자체로 존중되어야 한다.

한국의 모범적인 코로나 대책 확립은 한편에서 이처럼 국가의 방역, 시민의 안전, 소수자의 인권 사이의 위태로운 관계를 보여주기도 했다. 재외동포와 이주민들은 열악한 직장과 거주지에서 사회적 거리두기가 불가능한 생활을 하는 한편 재난지원금이나 각종 재난정보에서 소외되고 있다. 고려인이나 재일조선인에 대한 무관심이 그들을 정당한 주민으로 인정하지 않고 사회적으로 비가시화하는 것이었다고 한다면 미등록 체류자에 대한 한국정부의 시선, 중국 조선족이나 성소수자에 대한 시민사회의 시선은 방역과 안전이라는 이름으로 그들을 과도하게 가시화하고 낙인찍는 것이었다. 재난 상황 속에서 언제든지 숨어야 할 사람을 가시화하거나, 거꾸로 구해야할 사람들을 비가시화하는 일이 벌어질 수 있다. 팬데믹 시대 혐오와 배제를 경험하는 사람들에게 문제는 방역이 아니라 사회구조 그 자체에 있다. 이 악순환 속에 있는 사람들의 이야기를 더 드러내는 것이 팬데믹을 사는 우리에게 주어진 과제다.

제2부 초출 정보